*Ich wollte meine Käthe weder
gegen Frankreich noch
gegen Venedig eintauschen.*

(Martin Luther, 1531)

REGINA RÖHNER

Zu Gast bei der Lutherin
Die *Kochkunst* der *Katharina* von *Bora*

BuchVerlag
für die Frau

ISBN 978-3-89798-503-2

© BuchVerlag für die Frau GmbH, Leipzig 2016
Covergestaltung und Layout: Uta Wolf, Quedlinburg
Bildnachweis: S. 111
Gesamtherstellung: DZA Druckerei zu Altenburg GmbH
Printed in Germany

www.buchverlag-fuer-die-frau.de

Inhaltsverzeichnis

Geliebter Herr Käthe, mein Liebchen ...   6

Geboren *aus Adelichem Geschlecht*   9

Katharina, die *Braut Christi*   11

Vor Gott und der Welt untadelig bestehen: Ein neues Leben   18

Die Frau des Reformators   25

Im Hause Luther   38

Selbst ist die Frau   55

Ich habe meine Käthe lieber denn mich selber:
Martin Luther und Katharina   63

Hat mich allzeit lieb, wert und schön gehalten:
Der Tod Martin Luthers   69

Die letzten Jahre   76

Was ist denn, dass ihr nicht esst?
Rezepte zum Genießen und Ausprobieren   83

Rezeptverzeichnis   112

Geliebter Herr Käthe, mein Liebchen
Eine Annäherung an Katharina von Bora

Manchmal liegen Blumen auf den Sitzen des schönen Portals. Katharina verehrt es ihrem *Herrn Doctor Martinus* – 1540, zu seinem 57. Geburtstag. Dass ihr das überhaupt möglich ist, grenzt bereits an ein Wunder, denn in jenem Jahr ist sie nach einer schweren Fehlgeburt und wochenlanger Krankheit ins Leben zurückgekehrt und damit auch in den großen Lutherischen Haushalt, den es zu führen gilt.

Seit ihrem 500. Geburtstag schreitet Katharina nun wieder *leibhaftig* dem Portal entgegen, das wir heute *Katharinenportal* nennen. Kinder lassen sich mit ihr fotografieren. Vom vielen Anfassen ist der Ehering an ihrer Hand ganz blank.

Die verheiratete Nonne, *Herr Käthe*, die *herzliebe Hausfrau*, wie ihr Ehemann sie nennt, steht auf keinem hohen Sockel. Sie könnte leichtfüßig den Garten durchqueren, harken und säen, Knechte und Mägde beaufsichtigen, die Kinder betreuen, zu den Viehställen, zum Brauhaus, zum Waschhaus oder in die Küche mit den zwei Schornsteinen eilen und der Köchin Dorothea und dem Gesinde Anweisungen erteilen oder selbst mit Hand anlegen.

Und ihr sehr geliebter *Herr Doctor Martinus* blickt – als Medaillon – zu ihr herab oder die Besucher schauen zu ihm auf. Der Reformator – vor allem seinetwegen kommen die vielen Besucher nach Wittenberg, hier ins ehemalige Schwarze Kloster, ins Lutherhaus.

So ist es auch damals: Sie kommen wegen *Doctor Martinus Luther*. Bewirtet aber werden sie von seiner Frau. Und ohne

ihre Fürsorge könnten sie – statt tiefsinnige oder auch humorvolle Tischgespräche in gelehrter, geselliger, mit Speisen und Getränken wohlversorgter Runde zu genießen – Luther oft nur einen Besuch an seinem Krankenbett abstatten. *Unsere Herrin Käthe, die Erzköchin*, wie Luther seine Gattin in einem launigen Einladungsbrief an Freund Justus Jonas nennt, ist zweifellos mehr als nur die Ehefrau an seiner Seite.

Heute, ein halbes Jahrtausend später, wird auch ihrer gedacht: Seit 1994 wird in Wittenberg jedes Jahr das Stadtfest *Luthers Hochzeit* gefeiert mit großem Festumzug und großer Hochzeitstafel – ein Ereignis, das Zehntausende Festbesucher anlockt. Die Stadt Torgau, 1523 Zwischenstation Katharinas nach ihrer Flucht aus dem Kloster und auch der Ort, wo sie 1552 in der St. Marienkirche ihre letzte Ruhestätte fand, feiert seit 2010 den *Katharina-Tag*. Und mit dem *Katharina-von-Bora-Preis* ehrt Torgau seit 2011 jährlich Frauen für herausragendes Engagement in gemeinnützigen Projekten. Die Preisträgerin wird zur *Katharina-Botschafterin* gekürt, das Preisgeld kommt dem gemeinnützigen Projekt zugute.

Das würde der *Frau Katharina Lutherin von Bora* wohl gefallen, nach all den bösen Nachreden und dem *üblen Schmäh*, der ihr, trotz verdienter Anerkennung, seit ihrer Klosterflucht in der Osternacht des Jahres 1523 über die Jahrhunderte immer wieder angetan wurde ...

Geboren *aus Adelichem Geschlecht*

Catharina von Borin aus Adelichem Geschlecht in Meißen geboren: so würdigt Rektor Paul Eber in der Einladung zu ihrer Beerdigung am 21. Dezember 1552 Katharinas Herkunft. Katharina Luther entstammt einem Adelsgeschlecht der Mark Meißen und wird im Herzogtum Sachsen geboren. Das Geschlecht derer von Bora wird im 12. Jahrhundert erstmals erwähnt. Das Dorf Wendischbora und das später gegründete Deutschenbora – heute in Nossen eingemeindet – gehören zum Besitz der Herren von Bora, deren Namen sich von der Bewaldung herleitet. Das slawische Wort *Bor* bedeutet *Wald* (Nadelwald). Über die Jahrhunderte verzweigt sich das Geschlecht, Besitzungen werden erworben, verkauft, aufgeteilt. Allen Linien gemeinsam ist das Adelswappen: ein steigender roter Löwe im goldenen Feld mit einem Pfauenschweif als Helmzier.

Katharina wird am 29. Januar 1499 geboren, an einem Dienstag. Viele bedeutende Ereignisse in ihrem Leben werden an einem Dienstag stattfinden, dem Wochentag, der als besonderer Glückstag gilt: An einem Dienstag wird sie ihren *Doktor Martinus* heiraten und an einem weiteren Dienstag wird die große Hochzeitsfeier stattfinden.

Und an einem Dienstag vollendet sich ihr Leben.

Wenig ist über Katharinas Kindheit und Jungmädchenzeit bekannt. Ihrem Vater Hans (bzw. *Jhan*) von Bora, einem Landadligen mit eher bescheidenem Auskommen, gehört der Rittersitz Lippendorf in der Nähe von Leipzig. Die Mutter entstammt vermutlich dem in Mitteldeutschland weitverbreiteten Adelsgeschlecht derer von Haubitz. Katharina hat drei Brüder – Hans,

Wolf und Clemens – und mindestens eine Schwester. Die Mutter stirbt vor 1505, und bereits kurze Zeit später geht der Vater eine neue Ehe ein. In dieser Zeit, genauer um die Jahreswende 1504/05, wird die knapp sechsjährige Katharina als Kostkind zur Erziehung in das Augustiner-Chorfrauenstift Brehna gegeben. Eine Ausbildung im Kloster ist der durchaus übliche Bildungs- und Erziehungsweg für eine junge Adlige, aber auch für Patriziertöchter.

In Clara Preußer (um 1494–1532), der Tochter eines Leipziger Ratsherrn, findet Katharina im Kloster eine Freundin und vielleicht so etwas wie eine große Schwester. Ob sich die beiden später noch einmal wiedersehen, ist nicht belegt. Zumindest versucht Claras Ehemann, Professor Laurentius Zoch, ein Wiedersehen der beiden zu arrangieren. Am 30. Oktober 1531 schreibt er Martin Luther, dass seine Frau gern ihre Bekanntschaft – die sie *zu Brehne im Kloster in ihren Lehrjahren gehabt* – erneuern möchte.

Erzogen werden die Mädchen zum christlichen Glauben, und sie werden auch in Gesang, Lesen, Schreiben, Rechnen, Handarbeiten und Haushaltsführung unterwiesen. Während Clara aus dem Kloster ins Eheleben entlassen wird, scheint Katharinas Schicksal bereits entschieden: Sie soll *Braut Christi* werden.

Katharina, die *Braut Christi*

Eine Welt für sich Spätestens 1509, vielleicht sogar schon 1508, bestimmt der Vater seine Tochter für den *geistlichen Stand*, der als ein *guter seliger Stand gilt*. Weil bei einer Heirat eine ansehnliche Mitgift aufzubringen ist, werden Töchter aus adeligem Haus oft mit dem geistlichen Stand *versorgt*. Und gleichzeitig gilt das auch als Dienst für das Seelenheil der Familie.

Katharina ist etwa zehn Jahre alt, als sie in das Zisterzienserinnenkloster Marienthron in Nimbschen bei Grimma im Kurfürstentum Sachsen kommt. Hier leben zu dieser Zeit bereits mehrere weibliche Verwandte: Margarethe von Haubitz, die 1509 nach dem Tod der Äbtissin Katharina von Schönberg von der Gemeinschaft zur Äbtissin gewählt wird, ist vermutlich eine Tante Katharinas, ebenso wie Magdalena von Bora, die hier schon lange als Klosterjungfrau lebt und als *Siechenmeisterin* in Krankenpflege und Klostermedizin *wohl erfahren* ist. Sie wird für Katharina eine mütterliche Freundin, die gute *Muhme Lene*.

Katharina ist zwar Schülerin, wird aber bereits in der Liste der Klosterjungfrauen geführt. Wie ihre neue Freundin Ave von Schönfeld, die ebenfalls in der Klosterrechnung vom 1. Mai 1509 bis 27. April 1510 erstmals genannt wird (und der später Luthers erste Neigung gehört).

Als künftige *Bräute Christi* werden sie getrennt von den Mädchen erzogen und unterrichtet, die nur vorübergehend zur Ausbildung und Erziehung hier sind. Katharina lernt Latein, zumindest so viel, wie zum Verständnis der Lithurgie erforderlich ist. Gebete, Chorgesang, das Lesen geistlicher Werke, Kunststicken, feine Näharbeiten und das Spinnen von Schafwolle gehören zum Alltag. Gartenarbeiten und Klostermedizin bieten Abwechslung. Im Mittelpunkt aber steht das geistliche Leben. Das Mädchen ist einem streng geregelten Tagesablauf unterworfen und von der Außenwelt abgeschlossen.

Die Mahlzeiten werden schweigend eingenommen. Wer das Schweigen bricht, dem droht nach der Ordensregel der Entzug von Essen oder Trinken oder körperliche Züchtigung. Während des Essens liest jeweils eine Nonne aus geistlichen Werken vor. Denkt man an Luthers Aussprüche über die Redegewandtheit seiner Frau, dann dürfte ihr das Schweigen nicht leicht gefallen sein.

Heute erinnern an den großen Gebäudekomplex des Klosters Marienthron nur noch wenige Ruinenreste. Als Katharina von Bora hier aufgenommen wird, ist es eine eigene, in sich geschlossene Welt: Die Propstei bildet den äußeren Gebäudekomplex. Im Propsteigebäude befinden sich die Wohnungen des Vorstehers, des Verwalters und des Schreibers. Im Predigerhaus wohnen die Beichtväter der Nonnen, zwei Mönche aus dem Kloster Pforta, dessen Abt die Oberaufsicht über das Frauenkloster ausübt. Dazu gibt es noch zahlreiche Wirtschaftsgebäude: Brauhaus, Backhaus, Küche, Schlachthaus, Schmiede, Mühle, ein Tuchmacherhäuschen, Scheunen, Unterkünfte für Dienstleute sowie Ställe für Pferde, Rinder, Kälber, Schweine, Geflügel und Schafe.

Beschäftigt und untergebracht sind Mäher, Drescher, Holzhauer, Handwerker, eine *Käsemutter* und ein Heizer für die Öfen (*Hellenheyszer*). Etwa 40 bis 50 Leute sind täglich über den Hof zu speisen und müssen auch entlohnt werden. In der Küche wirtschaften mehrere bezahlte *Kochmeide* und eine Köchin. Die

Ruine Kloster Nimbschen – östliches Klausurgebäude mit Versammlungsraum im Untergeschoss und Schlafsaal im Obergeschoss

Äbtissin hat eigene Bedienstete: die *Frauenmeid* und zwei Knaben, die im äußeren Klosterhof wohnen.
Die Nonnen selbst wohnen in der Klausur, einem Gebäudekomplex im Inneren der Anlage. Er ist um einen kleinen Hof gebaut und besteht aus Kirche, Kreuzgang, dem Speisehaus mit Speisesaal (Refektorium) und Küche sowie einem großen Gebäude mit Versammlungsraum im Erdgeschoss und dem Dormitorium (Schlafsaal mit den Zellen) im Obergeschoss. Auch die Leichenhalle, das Beinhaus und der Friedhof gehören zum Klausurbereich. Nur selten, und dann in Begleitung, dürfen die Nonnen die Klausur verlassen. Etwa vierzig Töchter meist niederer Adliger aus dem kurfürstlichen und herzoglichen Sachsen leben hier. Dazu noch mehrere Laienschwestern, Mädchen aus dem Volk. Sie erledigen die groben Arbeiten.
Die Abtei, die Wohnung der Äbtissin, befindet sich zwischen Klausur und Propstei. Die adeligen Nonnen bilden *die Sammlung*, den Konvent.

1514 beginnt für die nun 15-jährige Katharina ihr einjähriges Noviziat. Nach dieser Prüfungszeit entscheidet die *Sammlung*, ob sie die Schwester aufnehmen will, ob sie zu ihrer Gemeinschaft passt. Und auch die Novizin soll prüfen, ob der Entschluss richtig ist, ins Kloster einzutreten. Denn der Klostereintritt wird als eine Heirat mit Christus verstanden, die nur der Tod auflösen kann. Doch für die Töchter aus adeligem Haus, die hier unter sich und auch wirtschaftlich unabhängig sind, gibt es keine Alternative.

Am 8. Oktober 1515 legt Katharina das feierliche dreifache Gelübde von Armut, Keuschheit und Gehorsam ab. Sie trägt nun das weiße Habit der Zisterzienserinnen und über dem kurz geschorenen Haar den schwarzen Schleier.

Ihr Vater sendet dem Kloster zu ihrer Einsegnung 30 Groschen. Das ist nach den Klosterrechnungen die geringste Summe, die hier je eine der *Bräute Christi* als Mitgift einbrachte.

Klagen über das Klosterleben sind von Katharina später nie zu hören. Einmal bedauert sie, *im Gebet lau* zu sein, wo sie doch zu Klosterzeiten so *hitzig und emsig und oft gebetet* habe. Und als Luther sie damit neckt, dass ein Mann nach der Bibel mehr als ein Weib nehmen könne, da will sie, ehe sie so etwas erduldet, lieber ins Kloster zurückgehen und ihn und die Kinder aufgeben.

Klosterzucht und Klosterwirtschaft Als der Pfortaer Vater Abt 1509 und 1512 das Kloster besucht und kontrolliert, mahnt er jedes Mal an, das Schweigegebot besser einzuhalten, die Ordenstracht zu tragen, die Klausur und das Keuschheitsgelübde streng zu beachten. Die *Domina*, also die Äbtissin, soll ihre Töchter in Kleidung, Essen und Trinken nach dem Vermögen des Klosters gleich versorgen. Es soll keine Bevorzugungen geben, sondern gleiche Liebe. Verlangt wird auch die bauliche Instandsetzung der Klosteranlage.

Der jährliche Haushalt der Nonnen beträgt etwa 900 Gulden. Allerdings belaufen sich die jährlichen Zinseinnahmen von ihren Gütern an Mulde und Elbe nur auf etwa 520 Gulden. Die Nonnen müssen also selbst noch etwa 400 Gulden erwirtschaften. Neben Einnahmen aus Gerichts-, Geleits- und Lehnsgeldern wird mit Viehzucht, Getreideanbau und dem Brauen von Bier Geld erlöst. Auch durch den Verkauf von in der klostereigenen Ziegelei gebrannten Ziegeln, die auch für die nun beginnenden umfangreichen Baumaßnahmen verwendet werden.

Unter der Führung der Äbtissin Margarethe von Haubitz, der die *Sammlung* zu bedingungslosem Gehorsam verpflichtet ist, erlebt das Kloster einen wirtschaftlichen Aufschwung. Und Katharina von Bora erlernt hier gewissermaßen nebenbei Unternehmensführung und Buchhaltung.

Natürlich ist ihr Tagesablauf vom geistlichen Leben bestimmt: Sieben Mal am Tag werden die Zisterzienserinnen zu Gesängen und Gebeten gerufen, zur Anrufung *der werten Mutter Gottes und der lieben Heiligen*. Doch sie werden von der Äbtissin auch über wirtschaftliche Angelegenheiten informiert, denn sie alle haben bei Entscheidungen gleiches Stimmrecht. Gleich *arm* sind sie dennoch nicht, denn einige der Nonnen besitzen eigene *Leibgedinge* – das sind Güter und Grundbesitz, von denen sie lebenslang persönliche Einkünfte in Form von Leibzinsen erhalten.

Leben und Essen im Kloster: Katharinas Lehrjahre

Die Nonnen erzeugen einen großen Teil ihrer Nahrungsmittel selbst. Sie besitzen zwei Vorwerke, Gärten und einen Viehhof am Kloster und mehrere Fischteiche für die Zucht von Hechten und Karpfen. Mehr als tausend Schafe werden gehalten, dazu Pferde, Rinder, Geflügel, Ziegen und Schweine.

Auf den klostereigenen Feldern wachsen Roggen, Hafer, Gerste, Weizen, Erbsen, Rüben, Hanf, Kraut und Hopfen. Aussaat, Pflege- und Erntearbeiten müssen die Fronbauern der Klosterdörfer leisten. Der Roggen von den eigenen Feldern wird überwiegend zum Brotbacken genutzt, immerhin müssen zu Katharinas Klosterzeit hier jeden Tag 100 Personen ernährt werden. Gerste wird hauptsächlich zum Brauen und für die Zubereitung von heilendem Gerstenwasser benötigt. Weizen wird eher wenig angebaut: Weißes Mehl gibt es nur für die Festbäckerei oder zum Backen von Semmeln für die Äbtissin und ihre Gäste.

Bierbrauen um 1600

In der vorösterlichen und in der adventlichen Fastenzeit sowie freitags kommt Fisch auf die Teller. Dafür reicht jedoch die eigene Fischzucht nicht aus: Aus Leipzig werden noch Lachs, Neunaugen, Schollen und Stockfisch bezogen, vom Torgauer Kaufmann Leonhard Koppe tonnenweise Salzheringe.

Außerhalb der Fastenzeiten gibt es vor allem Rind- und Schweinefleisch. Etwa 50 Rinder und 50 Schweine werden jedes Jahr geschlachtet, außerdem noch Hühner, Kapaune und Gänse. Die klostereigene Viehzucht liefert zudem Butter, Eier, Käse und Speck für die Küche. Das Wildbret für die Klosterküche stammt aus der eigenen Jagd: hauptsächlich Wildschweine, Hasen und Rehe.

Für die Versorgung aller reicht das jedoch nicht aus: Die Äbtissin oder deren Beauftragte müssen auch Waren auf den Märkten kaufen, so zum Beispiel Schlachtrinder auf den Viehmärkten zu Kirchhain und Herzberg. Zugekauft werden auch Knoblauch, Kohl, Möhren, Mohn, Rettiche, Rüben und Zwiebeln. Ausländische Gewürze, Kastanien, Quitten und weißer Zucker für besondere Anlässe werden auf dem Leipziger Oster-, Michaelis- oder Neujahrsmarkt erworben.

In der Klosterbrauerei werden jährlich 8 bis 16 *Gebräude* angesetzt. Da nicht bekannt ist, wie groß die Braupfanne war, lässt sich die genaue Menge nicht mehr feststellen. Gebraut werden drei verschieden starke Biere, die für den Eigenbedarf genutzt und in den Schenken in den Klosterdörfern verkauft werden.

Gebräude:
Volumenmaß für Bier = Menge, die in einem Ansatz gebraut wird
(in Wittenberg:
1 *Gebräude* = 41,22 hl)

Am Konventstisch wird jedoch nur Kofent gereicht, ein Dünnbier. Für den Tisch der Äbtissin und der Oberen hingegen werden jährlich noch zwanzig Fässer (etwa 5 500 Liter) hochwertigen Bieres aus Belgern, Colditz, Grimma, Mittweida, Wurzen und Torgau zugekauft. Letzteres wird auch von Martin Luther sehr geschätzt.

Vor Gott und der Welt untadelig bestehen: Ein neues Leben

Worte überwinden Mauern: Die Reformation kommt in die Klöster Gut zwei Jahre sind vergangen, seit Katharina ihr ewiges Gelübde abgelegt hat, als 95 Thesen gegen die Missbräuche beim Ablass die Glaubenswelt verändern. Am 31. Oktober 1517 übersendet Martin Luther – Augustinermönch und Professor für Bibelauslegung an der Wittenberger Universität – diese an seinen Vorgesetzten, den Kardinal Albrecht von Brandenburg (Erzbischof von Magdeburg, Erzbischof und Kurfürst von Mainz). Weil die gewünschte Stellungnahme ausbleibt, sorgen Freunde für die Veröffentlichung und für die Übersetzung ins Deutsche.

In der dem Kloster Marienthron zu Nimbschen nahe gelegenen Stadt Grimma schließen sich viele Bürger schon früh der Reformation an. Luther selbst besucht Grimma mehrfach und predigt dort in der Kirche des Augustiner-Eremitenklosters. Dessen Prior Wolfgang von Zeschau tritt 1522 mit vielen seiner Ordensbrüder aus dem Kloster aus. Zwei Verwandte von ihm, die Schwestern Margarete und Veronika von Zeschau, leben im Kloster Marienthron. Und Magdalena von Staupitz (1485–1548), die mit Katharina 1523 ebenfalls aus Nimbschen flüchtet, ist eine Schwester von Luthers väterlichem Freund Johann von Staupitz. Sie ist Organistin und Kantorin im Kloster und wird 1529 die Leiterin der ersten Elementarschule für Mädchen in Grimma.

Auch in der kurfürstlichen Residenzstadt Torgau, wo das Kloster Besitzungen hat, sind die Bürger bereits Anhänger der Lehre Luthers. Jedes Jahr reist die Äbtissin in Begleitung einiger Schwestern zur Einnahme der Martinszinsen in die Stadt. Bei der Gelegenheit handelt sie auch mit Kaufmann Leonhard Koppe die Preise für Heringe und Bier aus und begleicht die Jahresrechnung. Vielleicht bringen die Fuhrleute des Klosters, die bei Koppe Heringstonnen und Bierfässer abholen, auch verbotene Schriften mit und besorgen für die Nonnen heimliche Briefe. Tatsache ist: Die Flugschriften, die sich mit Zölibat, Klosterleben und Ablass auseinandersetzen und zum Verlassen der Klöster auffordern, gelangen trotz Abgeschiedenheit in die Klausur. Martin Luther will die Klöster nicht abschaffen, ist aber überzeugt, dass nur sehr wenige Menschen von Gott für ein solches Leben auserwählt sind.

*Der **Mensch** lebt nicht für sich allein, sondern auch für alle Menschen auf Erden; ja vielmehr allein für andere und nicht für sich,* heißt es in Luthers 1520 gedrucktem Büchlein *Von der Freiheit eines Christenmenschen*. Und Andreas Karlstadt verlangt im Spätherbst 1521: *Ihr Laien, leset die Bibel und nehmt eure Kinder je eher, je besser aus den Klöstern und vermählt sie; so werdet ihr rechte Eltern sein und euren Kindern zur Seligkeit verhelfen.*

Die Flucht aus dem Kloster

Sind es erst nur Mönche, die aus den Klöstern fliehen, so breitet sich bald auch Unruhe in den Frauenklöstern aus. Zwölf Nonnen wollen 1523 Marienthron verlassen. In hinausgeschmuggelten Schreiben bitten sie ihre Familien *allerdemütigst* um Beistand. Neun von ihnen hoffen vergebens. Die Eltern oder Verwandten können oder wollen nicht helfen: Weil sie in Herzog Georgs Landen ansässig sind und drakonische Strafen befürchten müssen. Oder weil sie Luthers Lehre ablehnen. Oder auch, weil sie die Versorgung ihrer Verwandten nicht übernehmen wollen.

Die Frauen wenden sich nun mit einem Klagebrief direkt an den *hochgelehrten Doctor Martinus Luther zu Wittenberg* und bitten ihn um Hilfe. Sie sehen ihr Seelenheil in Gefahr und wollen ihren Glauben in der Welt leben.

In der Osternacht – vom 5. auf den 6. April 1523 – schmuggelt der Torgauer Kaufmann Leonhard Koppe mit zwei Begleitern auf seinem Planwagen neun Frauen aus dem Kloster: Magdalena von Staupitz, Elisabeth von Kanitz, Veronika und Margarete von Zeschau, Loneta von Gohlis, Eva Große, Ave und Margarete von Schönfeld und Katharina von Bora. Er bringt sie nach Torgau und von dort weiter nach Wittenberg. Weitere drei Nonnen werden am Pfingstmontag, dem 25. Mai 1523, *wider der Abtissin und ihrer Sammlung Willen* von Verwandten aus dem Kloster geholt.

Bis heute ranken sich eine Vielzahl Legenden um die Flucht. So verbarg Koppe die Frauen angeblich in leeren Heringsfässern: jede Nonne in einer Tonne. In Nimbschen wurde später ein Schuh gezeigt, den Katharina angeblich auf der Flucht verloren hatte. Er stammte freilich erst aus einem späteren Jahrhundert. Und der Volksmund reimte: *Hier hat Katharina von Bora / ihrn Filzlatsch verlora*.

Am 9. April, am Osterdienstag, treffen Kaufmann Koppe und der Torgauer Prediger Gabriel Zwilling mit den neun Klosterjungfrauen in Wittenberg ein. Ein Großereignis. Die entlaufenen Nonnen zu begaffen, das will sich kaum jemand entgehen lassen. Zugegen ist auch Professor Amsdorf, ein Freund Martin Luthers und Verwandter von Leonhard Koppe. *Sie sind schön und fein, und alle von Adel, und keine fünfzigjährige darunter* …, schreibt er an Georg Spalatin, den Beichtvater und Geheimschreiber des Kurfürsten Friedrich des Weisen.

Martin Luther als Augustinermönch, Kupferstich von Lucas Cranach d. Ä., 1520

Luther, der sich verantwortlich fühlt, bittet Georg Spalatin, *dieser ehrbaren Meidlein Vorbitter am Hofe zu sein ...* Sein Freund und Förderer soll Geld erbitten und auch selbst etwas spenden. Zumindest so viel, dass die Geflüchteten eingekleidet und einige Zeit ernährt werden können. Denn sie hätten weder Schuhe noch Kleider. Bald darauf erinnert er den Freund nochmals an die erbetene Kollekte. Er gelobt auch Stillschweigen. *O, ich will's fein heimlich halten und niemanden sagen, dass er [der Kurfürst] etwas für die abtrünnigen Jungfrauen gegeben – die doch wider Willen geweihet und nun gerettet sind.*

Die Flucht und der abenteuerliche Transport sorgen auch gleich für üble Gerüchte: Die Nonnen hätten sich aus niederen Motiven von wilden Buben entführen lassen.

Martin Luther publiziert eiligst eine Flugschrift in Form eines offenen Briefes an Leonhard Koppe. Er rühmt, dass Koppe *die armen Seelen aus dem Gefängnis menschlicher Tyrannei geführt* habe. Die Klosterjungfrauen hätten zuvor vergeblich ihre Familien um Hilfe gebeten, weil sie *solch Leben nicht länger erdulden* konnten. Nun seien sie *mit aller Zucht und Ehre an redliche Stätt und Orte gekommen*. Luther nimmt alle Verantwortung auf sich. Er habe es geraten und Leonhard Koppe darum gebeten. Er lobt *die ehrbaren Kinder*, weil sie mit *Zucht und Ehre die Bahn gebrochen* – also ein Zeichen gesetzt haben für das Verlassen der Frauenklöster: *Denn ein Weibsbild ist nicht geschaffen, Jungfrau zu sein, sondern Kinder zu tragen.* Mögen auch seine Widersacher *toben und lästern, bis sie es müde werden* – Luther ist sich sicher: *Er selbst, die Fluchthelfer, die geflohenen Nonnen und alle, die diesem Beispiel folgen, werden damit vor Gott und der Welt untadelig bestehen.* Die Frauen, die alle mehr als ein Jahrzehnt in der Abgeschiedenheit der Klausur zugebracht haben, erfüllt bei ihrer Ankunft auch Bangigkeit. Sie sind ohne Einkommen und nun darauf angewiesen, bei Verwandten unterzukommen, einen Mann zu finden oder eine Anstellung als Hauslehrerin. Und doch: Es scheint ihnen jetzt alles möglich.

> *Wenn das **Weib** das Kind säuget, wieget, badet und andere Werk mit ihm tut und wenn sie sonst arbeitet und ihrem Mann hilft und gehorsam ist, das sind alles eitel goldene edele Werke.*
> Martin Luther 1520

Im Hause Cranach   Katharina von Bora findet Aufnahme im großen Haus von Luthers vertrautem Freund in Wittenberg, dem Hofmaler, Apotheker, Weinhändler und Immobilienbesitzer Lucas Cranach. Auch ihre Mitschwester und Freundin Ave von Schönfeld (gest. 1541) lebt in Cranachs Haus. Dessen Frau Barbara wird den beiden eine mütterliche Freundin, und Katharina erweist sich bald als unverzichtbare Hilfe in dem großen Haushalt, dem *Unternehmen Cranach*.

Mindestens vierzehn Jahre hat Katharina im Kloster zugebracht. Nun tritt sie hinaus in die Wittenberger Welt. Doch wie die kurz geschorenen Haare nachwachsen, so verändern sich auch das Auftreten und die äußere Erscheinung.

Stadtansicht von Wittenberg, um 1536

Im Hause Cranach lernt sie, die mittellose Adelige, die Organisation eines wohlhabenden bürgerlichen Haushaltes kennen. Brauen, Kochen, Backen sowie das Haltbarmachen von Lebensmitteln kennt sie aus dem Kloster – und kann es jetzt zweckdienlich anwenden. Auch ihre Kenntnisse der Klostermedizin bringt sie in Cranachs Apotheke und in den Haushalt mit ein. Lucas Cranach ist ein erfolgreicher, umtriebiger Geschäftsmann. In seiner Apotheke wird nicht nur Medizin verkauft, sondern auch mit Süßwein, Öl, Marzipan, Mandeln, kostbarem Zucker und teuren Gewürzen gehandelt. Wertvolle Köstlichkeiten, die auch in Cranachs gehobenem Haushalt selbst verwendet werden.

Regelmäßig sind in Cranachs großem Haus am Markt hohe Herrschaften und angesehene Wittenberger Bürger zu Gast: Zum Beispiel der *Praeceptor Germaniae* Philipp Melanchthon, oft mit auswärtigen Freunden, so im Frühsommer mit Hieronymus Baumgartner aus Nürnberg. Und auch der noch immer im Schwarzen Kloster lebende und mit einer recht schäbig gewordenen Mönchskutte bekleidete Professor Martin Luther. Aber der denkt, obwohl ihm *die Nonnen auf alle Weise nachstellten*

(Melanchthon an Camerarius im Juni 1525), nicht ans Heiraten. Und wenn, dann wäre es Ave von Schönfeld gewesen, wie Luther später bekennt: *Wenn ich vor 14 Jahren hätte heiraten wollen, hätte ich Ave von Schönfeld genommen. Meine Käthe hatte ich damals nicht lieb.* Die sanfte Ave von Schönfeld heiratet 1524 jedoch Cranachs Apotheker, den Arzt Basilius Axt (1486–1558).

Im Herbst 1523 wohnt im Hause Cranach für längere Zeit das im Exil lebende dänische Königspaar: König Christian II. von Dänemark und seine Gemahlin Isabella von Österreich. Die Königin ist jünger als Katharina und hat doch schon sechs Kinder geboren, von denen jedoch nur noch drei am Leben sind. König Christian II. sympathisiert schon länger mit Luthers Lehre. In Wittenberg empfangen er und seine Gemahlin, eine Schwester des streng altgläubigen Kaisers Karl V., das Abendmahl in beiderlei Gestalt. Katharina, die sich später oft hoher Damen in seelischer Bedrängnis annimmt, könnte auch Königin Isabella freundliche Gesellschaft geleistet und sie in ihrer Glaubensentscheidung gestärkt haben. Der dänische König verehrt ihr einen goldenen Ring, möglicherweise als Dank für die seiner Gemahlin erwiesene Zuwendung? Vielleicht aber auch als Geschenk für die Aussteuer: Im Herbst 1523 ist Katharina voller Hoffnung, dass sie bald als *Frau Baumgartner* in Nürnberg leben wird.

Die Frau des Reformators

Liebe und Aufbegehren Katharina hat sich im Frühsommer 1523 verliebt. Wenige Monate, bevor das dänische Königspaar Station in Wittenberg macht, lernt sie Hieronymus Baumgartner (1498–1565) kennen. Er ist ein Jahr älter als sie und erwidert ihre Zuneigung, ist beeindruckt von ihrem Mut und ihrer Klugheit. Der Nürnberger Patriziersohn ist nach Wittenberg gekommen, um hier seine ehemaligen Lehrer und Freunde, Luther und Melanchthon, zu besuchen. Auch nach Luthers Vorstellungen passen sie gut zueinander: die arme Adelige und der aus reichem Haus stammende, *mit Gelehrsamkeit und Gottseligkeit* begabte Patriziersohn. Aber Baumgartner wird nach Nürnberg zurückgerufen und lässt nichts mehr von sich hören, obwohl er Katharina die baldige Rückkehr versprochen hat. Angenommen wird, dass seine Eltern die Zustimmung zu einer Ehe mit der mittellosen, entlaufenen Nonne verweigert haben. Die Enttäuschung muss bitter gewesen sein. Ein Jahr lang wartet Katharina vergeblich. Da hilft nur Rückbesinnung auf Klosterprinzipien: *Ora et labora – Bete und Arbeite.*

Luther, der die Flucht der Nonnen gefördert hat, fühlt sich auch verpflichtet, Ehen für sie anzubahnen. Inzwischen sind alle ehemaligen Klosterjungfrauen *versorgt*: sind heimgekehrt zu ihren Familien, haben geheiratet oder eine Anstellung gefunden. Nur Katharina von Bora ist noch ohne *weltliche ehrliche Zucht im Ehestande*. Im Sommer 1524 glaubt Luther, für sie einen geeigneten Ehemann gefunden zu haben: Kaspar Glatz, der gerade erst in Wittenberg promoviert hat und die Pfarrstelle in Orlamünde übernehmen wird.

Katharina scheint Luthers Vorschlag nicht sofort abgelehnt zu haben. Sie verhält sich vermutlich so, wie es auch später an ihr zu beobachten ist. Sie will es *bedenken*. Um ihm dann mitzuteilen: Nein, sie habe keine Lust und Neigung zu Doktor Glatz. Sie werde nicht seine Frau. Luther will es nicht glauben: Eine solche Widerrede und das von einem Weib in ihrer Lage ... *Welcher Teufel will sie denn haben!* Doch Katharina fügt sich nicht. Stattdessen sucht sie Professor Nikolaus von Amsdorf auf und beklagt sich, dass der *Herr Doctor Martinus Luther* sie wider ihren Willen mit dem Doktor Glatz verheiraten wolle. Ob ihr denn ein Doktor, Professor oder Pfarrer nicht gut genug sei, will der Professor wissen. Wie bereits Luther verdächtigt auch er sie, stolz und hochmütig zu sein. Ihre Entgegnung auf seine Frage macht ihn sprachlos: Würde er oder der *Doctor Martinus* sie zur Gattin begehren, so Katharina, wolle sie sich nicht weigern. Der Doktor Glatz aber könne sie nicht haben.

Professor Amsdorf sucht keine Ehefrau. Und Luther denkt auch nicht ans Heiraten. Er rechnet mit seinem baldigen Tod als Ketzer. Auch wenn von allen Seiten erwartet wird, dass er, der doch so viel über den Ehestand gepredigt hat, mit gutem Beispiel vorangehe. Und neben allen Stürmen der Zeit ist da auch noch eine ganz persönliche Frage. Ist er überhaupt für den Ehestand *tüchtig*?

Am 12. Oktober 1524 schreibt Luther an Baumgartner: *Wenn Du Deine Käthe von Bora festhalten willst, so beeile Dich, bevor sie einem andern gegeben wird, der zur Hand ist. Noch hat sie die Liebe zu Dir nicht verwunden. Und ich würde mich gar sehr freuen, wenn ihr beide miteinander verbunden würdet.*

Doch es kommt alles anders: Hieronymus Baumgartner, mittlerweile Ratsherr in Nürnberg, verlobt sich mit Sibylla Dichtel, der Tochter des Oberamtmanns von Tutzing. Die Hochzeit mit der 15 Jahre alten Braut wird am 23. Januar 1526 gefeiert. Zu diesem Zeitpunkt ist ihm Katharina aber schon längst nicht mehr gram, denn da ist sie bereits seit einem halben Jahr *die Lutherin* und guter Hoffnung.

Der Sinneswandel Martin Luthers oder wie man dem Teufel ein Schnippchen schlägt

So wie Luther erst spät – am 9. Oktober 1524 – seine Mönchskutte ablegt und nun einen Talar trägt, so ist es auch mit dem Heiraten. Noch am 30. November 1524 meint er, *sein Gemüt passe nicht zum Heiraten*. Aber um Ostern 1525 ändert sich – vor allem unter dem Eindruck der Bauernkriege – seine Meinung. Nun will er das Evangelium *nicht mit dem Wort allein, sondern mit der Tat bezeugen* und sich in den *gottgeschaffenen Ehestand* begeben. Und Katharina hat erklärt, sie werde ihn nehmen, wenn er sie wolle. Bevor Luther nach Ostern in die Gebiete des Bauernaufstandes reist, um dagegen zu predigen, spricht er mit Katharina und wirbt vermutlich auch bei Lucas Cranach und seiner Frau um die Hand ihrer Haustochter.

> *Das* **erste Jahr der Ehe** *macht einem seltsame Gedanken. Sitzt einer am Tisch, so denkt er: Zuvor war ich allein, jetzt selbander. Im Bett, wenn er aufwacht, sieht er ein Paar Zöppe neben ihm liegen, die er früher nicht sah. So auch saß meine Käthe anfangs mit ihrem Spinnen bei mir, wenn ich zu studieren hatte, und fing dauernd an zu fragen: Herr Doktor, ist der Hochmeister des Markgrafen Bruder?*
> (Aus einer Tischrede Martin Luthers)

Luther fürchtet, nicht lebend zurückzukehren. Doch er beteuert, dass er Katharina selbst noch auf dem Totenbett zur Frau nehmen und ihr zwei Silberbecher als Morgengabe reichen lassen werde. Da muss Katharina schon sehr tapfer sein. Als dann in Wittenberg gar noch die Nachrichten vom *Weinsberger Blut-Ostern* eintreffen, fürchtet sie um sein Leben und sucht und findet im Gebet Zuversicht. Wenn ihr Doktor heil zurückkehrt, und das wird er, so Gott will, dann wird sie ihn sich *nach der Hochzeit schon ziehen*.

Martin Luther ist fast 16 Jahre älter als Katharina. Im Hause Cranach hat sie ihn nicht nur als den bedeutenden Theologieprofessor erlebt, sondern auch als humorvollen Erzähler, als Lautenspieler und Sänger. Halsstarrig und gutmütig, empfindsam und feinsinnig, aber auch heftig und derb kann er sein. Das Klosterleben hat sie beide geprägt.

Von Seeburg schreibt Luther am 4. Mai 1525 an den mansfeldischen Kanzler Rühel: ... *Und kann ichs schicken, ihm [dem Teufel] zum Trotz, will ich meine Käthe noch zur Ehe nehmen, ehe denn ich sterbe* ...

Katharina kann kein Vermögen in die Ehe einbringen, hat sich aber vermutlich in den zwei Jahren eine Aussteuer genäht und gestickt. Und sie besitzt den Goldring, den ihr der dänische König Christian II. verehrt hat. Aus ihm wird nun ihr Ehering.

Geheimes Gelöbnis und öffentliche Tafelfreuden

Mit ihren 26 Jahren ist Katharina für die damalige Zeit schon nicht mehr jung, ihr *Doctor Martinus* ist 41 Jahre alt. Die Eheschließung, das *Gelöbnis* der beiden, findet am Abend des 13. Juni 1525 – an einem Glück bringenden Dienstag – im

Schwarzen Kloster (im späteren *Lutherhaus*, ab 1532 in Luthers Besitz) statt. Eingeladen hat Luther dazu nur wenige Vertraute: seinen Beichtvater, den Stadtpfarrer Johannes Bugenhagen (1485-1558), der auch die Eheschließung vornehmen wird, den Stiftspropst Justus Jonas, den Juristen Johann Apel, der 1523 eine adelige Nonne aus dem Kloster entführt und geheiratet hat und wegen Verstoßes gegen den Zölibat inhaftiert war, sowie Meister Lucas Cranach und dessen Frau Barbara.

Nach der Eheschließung und einem kleinen Abendessen folgt das sogenannte *Beilager*. Braut und Bräutigam werden zum Bett geführt, sie legen sich bekleidet darauf, lagern unter der Decke – und damit gilt die Ehe auch schon als vollzogen.

Als die Neuvermählten mit den Zeugen ihres Gelöbnisses – wie es Brauch ist – am nächsten Morgen Frühmahl halten, hat sich das Ereignis schon herumgesprochen.

Eine entlaufene Zisterzienserin und ein abtrünniger Augustiner-Eremit haben geheiratet: Aus so einer Verbindung kann nur der Antichrist hervorkommen, meinen die Altgläubigen. Aber auch Luthers Freunde, die von der Hochzeit am 13. Juni überrascht und mit seiner Wahl nicht zufrieden sind, finden seine Entscheidung bedenklich. Dazu gehört auch sein enger Freund Philipp Melanchthon. Er klagt: *Unerwarteterweise hat Luther die Bora geheiratet, ohne auch nur seine Freunde über seine Absichten zu unterrichten …*

Zwei Wochen nach dem Gelöbnis findet die eigentliche Hochzeitsfeier statt, mit öffentlichem Kirchgang und der sogenannten *Wirtschaft*: Hochzeitsschmaus und Tanz. Aus Mansfeld reisen Martin Luthers Eltern Hans und Margarethe an, aus Torgau das Ehepaar Koppe und Gabriel Zwilling. Der *Nonnenräuber*

Koppe hat auch die bestellte Tonne besten Torgauer Bieres mitgebracht, *kühl und ausgeruht*, sodass er es nicht *selber aussaufen* muss. Die zehn Tafeln für je zehn Personen sind bald besetzt. Luthers Freund und Nachbar Philipp Melanchthon und seine Gattin Katharina, Familie Cranach, der kurfürstliche Hofkaplan Georg Spalatin, Professor Amsdorf, Pfarrer Bugenhagen und seine Walburga, die Gelehrten der Wittenberger Universität mit ihren Ehefrauen … Es fehlt nicht an Wildbret und an allem, was angemessen ist für die Hochzeit eines Professors und einer Adeligen. Dem Ehepaar werden viele Geschenke gemacht. Ein Geschenk jedoch wird von Luther zurückgewiesen. 20 Goldgulden werden im Auftrag Kardinal Albrechts von Brandenburg dem Ehepaar überbracht. Der Betrag entspricht etwa dem Wert von 20 Schweinen – Geld, das das Paar gut gebrauchen kann. Doch Luther will von seinem Widersacher nichts geschenkt bekommen. Dass die praktisch denkende Katharina das anders sieht und das Geld annimmt, erfährt ihr Ehemann erst Monate später. Der erste Ehestreit ist also vorprogrammiert, fällt dann aber sicher nicht so heftig aus, wie es bei Luthers Temperament zu vermuten wäre. Denn da ist Katharina schon schwanger.

Wertvolle Silberbecher mit vergoldeten Verzierungen gibt es als Geschenke von der Stadt, von der Universität und von Freunden. Ein Kapital für Notzeiten. Noch ahnt Katharina nicht, wie oft sie diese werden verpfänden müssen und wie oft auch ein Becher verschenkt wird, denn *Gott wird's wohl wiedergeben.*

Leipziger Esel und allerlei Schmäh Die Heirat des Reformators und ehemaligen Mönchs mit der entlaufenen Nonne wird nicht nur von vielen als skandalös empfunden, sondern führt zu einer großen Welle der Empörung. Katharina wird als *Mönchshure* oder *entsprungene Klosterstute* beschimpft, und selbst Erasmus von Rotterdam verbreitet das Gerücht von Luthers *allzufrühzeitigem Beischlaf* und dass Katharina schon zwei Wochen nach der Hochzeit ein Kind zur Welt gebracht habe. Er wird das später zurücknehmen, doch das Gerücht ist in der Welt und hält sich. In diesem Fall sogar über Jahrhunderte. Immer wieder werden katholische Autoren Luthers Neffen Andreas Kaufmann als den angeblich bald nach der Hochzeit geborenen Sohn ausgeben. Zu Katharinas Lebzeiten muss die Bürgersfrau Klara Jessner 1525 in Wittenberg *zwei Schock Strafe* zahlen, weil sie *Herrn Dr. Luther und seine ehrbare Hausfrau geschmäht* hat. Zwei Leipziger Magister, Johannes Hasenberg und Joachim von der Heidten (Miricianus), verfassen 1528 lateinische und deutsche *Sendbriefe*. Heidten wendet sich direkt an Katharina: ... *Wehe dir armem, verführtem Weibe, nicht allein darum, dass du […] aus klösterlicher heiliger Religion in ein […] schändliches Leben und also von der Gnade in die Ungnade Gottes abgefallen bist […]; weh dir auch darum, dass du durch dein böses Vorbild etwa unschuldige und arme Kinder [andere Nonnen] auch in diesen Jammer gebracht hast* ... Ihre Ehe wird für ungültig und teuflisch erklärt und Katharina werden grässliche Höllenqualen angedroht. Luther ist erbost. *Die Leipziger Esel haben meine Käthe mit albernen Schmähungen verunglimpft*. Und die Schmähungen werden sich über den Tod hinaus fortsetzen. Ja, derb ging's zu, und zwar nicht nur im Hause Luther, wie man es später gern darstellen wird.

Solange noch ein Becher im Haus ist: Großzügigkeit und wirtschaftliche Not Schon vor der Heirat dürfte Katharina bemerkt haben, dass ihr *Doctor Martinus* nicht wirtschaften kann. Aber sie will ihn sich ja *umgewöhnen*. Wie erfolgreich gewirtschaftet wird, weiß sie aus ihrer Klosterzeit; praktische Erfahrungen hat sie im Hause Cranach gesammelt. Und Barbara Cranach wird der Ziehtochter auch deutlich gemacht haben, wie es um Luthers Haushaltung im Schwarzen Kloster bestellt ist und wie großzügig er Gaben austeilt. Katharina sorgt erst einmal für Ordnung in dem heruntergekommenen, schon 1522 von den Mönchen verlassenen Anwesen. Die ehemaligen Mönchszellen werden hergerichtet als Unterkünfte für die zu erwartenden Gäste und als zukünftige Studentenzimmer. Wie andere Professorengattinnen will auch sie eine *Burse* betreiben, ein Studenteninternat mit Vollverpflegung.

Wolfgang Sieberger, der Famulus des Doktors, gerät ordentlich in Schweiß wegen solcher Betriebsamkeit. Vorbei ist es mit der schönen Männerwirtschaft. Und Luther selbst bekennt: *Ehe ich heiratete, hat mir ein ganzes Jahr hindurch niemand das Bett zurechtgemacht, in dem das Stroh von meinem Schweiß faulte. Ich war müde und arbeitete mich den Tag ab und fiel so ins Bett, wusste nichts darum.* Das alte Bettstroh wandert auf den Misthaufen. Die Räume werden getüncht. Den erforderlichen Kalk liefert die Stadt Wittenberg.

Das aus der Klosterzeit vorhandene Kücheninventar war bescheiden: Bratspieße, dreibeinige Kochgeschirre für das Kochen auf offenem Feuer, Schüsseln und sonstiger Hausrat – zusammen kaum 20 Gulden wert, wie Luther selbst bekennt. Die 100 Gulden, die ihnen der Kurfürst geschenkt hat, werden durch das Hochzeitsmahl und nötige Anschaffungen für den Haushalt

Lutherhaus in Wittenberg

rasch aufgebraucht. Luther erhält bald nach seiner Hochzeit ein festes Jahresgehalt von 200 Gulden, eine damals bedeutende Summe. Dennoch häufen sich in den ersten Ehejahren die Schulden. Ist Geld in der Kassette, so unterstützt der Hausherr damit die vielen Bittsteller und wegen ihres Glaubens Verfolgten, die nach Wittenberg kommen. Viele wohnen auch monatelang bei ihnen und müssen mit ernährt werden. Geschenke werden weiterverschenkt. Ein schönes Glas mit Zinnverzierung möchte Katharina gern selbst behalten. Doch Luther will es seinem Freund Agricola schicken, den Brief dazu hat er schon geschrieben. Als er das Glas einpacken will, hat Katharina es verschwinden lassen. Er könne das Glas nicht mitschicken, bedauert Luther. Seiner *insidiatrix Ketha* (hinterlistigen Käthe) gegenüber sei er ohnmächtig; er denke aber, das Glas später doch noch zu bekommen. Aber jetzt möchte er Katharina nicht aufregen. Sie ist hochschwanger, es könnte dem Kind im Mutterleib schaden.

Im zweiten Ehejahr hat das Paar über hundert Gulden Schulden. Luther bedauert einem Freund gegenüber, dass er nicht mit acht Gulden aushelfen könne. Lucas Cranach und Goldschmied Christian Döring würden ihn nicht mehr als Bürgen zulassen. Die Freunde wollten verhindern, dass er *ausgebeutet* werde. Während die Buchdrucker an seinen Schriften gut verdienen, lehnt Luther jedes Honorar ab. Auch von den Hörern seiner Vorlesungen verlangt er, genau wie sein Freund Melanchthon, keine Kollegiengelder. *Doctor Martinus* kann nicht Nein sagen, und das hat sich längst herumgesprochen. Katharina muss zusammenhalten, was ihr *Eheherr* großzügig austeilen möchte.

Kinder sind ein Band der Ehe und Liebe Katharinas erste Schwangerschaft dürfte nicht frei gewesen sein von Zweifeln und Ängsten, die sie im Gebet niederringt. Und für die es keinen Platz gibt, wenn sie, emsig mit Spinnrocken und Spindel arbeitend, bei ihrem *lieben Herrn* im Arbeitszimmer sitzt. Oder in der Kammer neben ihm auf dem nun täglich aufgeschüttelten und mit sauberem Leinentuch versehenen Bett liegt. Am 7. Juni 1526 gegen 14 Uhr kommt Katharina mit einem gesunden Söhnlein nieder. Nur zwei Stunden später wird das Kind nach Luthers Vater auf den Namen Johannes getauft. Am nächsten Tag schreibt Luther an Johann Rühel: ... *daß mir meine liebe Kethe von großer Gottes Gnaden einen Hansen Luther bracht hat, gestern um zwei, [...] Jetzt dieses Buchstabens fordert mich die kranke Kethe* ... Der stolze Vater kümmert sich also selbst um die Wöchnerin. Doch Windeln wäscht er vermutlich nicht, auch wenn er Kindererziehung, Kochen, Backen, Waschen und all die in Haus und Garten täglich anfallenden Arbeiten als *gute Werke* preist.

In seinen Briefen lässt Luther seine Freunde teilhaben am Aufwachsen seines Erstgeborenen. So erfahren wir, dass Katharina anfangs viel Mühe hat mit dem Stillen. Doch bald entwickelt sich *Hänschen zu einem starken Esser und Trinker*. Mit reichlich sechs Monaten bekommt er den ersten Zahn, lallt *Tatta* und macht damit Mutter und Vater glücklich. Hänschen lehrt Katharina *die Frucht und die Freude der Ehe*. So schreibt es Luther zu Neujahr 1527. Keiner seiner späteren Söhne wird vom Vater in Briefen so oft erwähnt

Katharina Luther und ihr Sohn Johannes (Detail aus dem Cranach-Altarbild, 1547)

und in keinen setzt er so hohe Erwartungen. *Ein großer evangelischer Theologe* soll der Erstgeborene werden. Mit vier Jahren bekommt Johannes einen eigenen Hauslehrer, und um ihm den Schulbeginn zu versüßen, beschenkt ihn der Vater 1530 – nach seinem monatelangen Aufenthalt auf der Veste Coburg – mit einem Buch aus Zucker. Ein teures Präsent.

Am 10. Dezember 1527, die Pest ist gerade erst abgeklungen, wird Elisabeth geboren – anderthalb Jahre nach dem ersten Kind. Freund Justus Jonas gratuliert dazu und scherzt von seinem gerade zwei Jahre alten Söhnchen Justus: *Mein Sohn begrüßt deine Tochter als seine zukünftige Braut*. Doch am

3. August 1528 stirbt das *Elslein* und wird auf dem Friedhof vor dem Elstertor bestattet. Der Tod schmerzt, auch wenn sie einander mit der Vorstellung trösten: *Elisabeth ist von uns geschieden und zu Christo durch den Tod ins Leben gereist.*

Als Katharina sich im Herbst 1528 wieder guter Hoffnung weiß, sind beide beglückt und Gott dankbar. Am 4. Mai 1529 wird Katharina von Töchterchen Magdalena entbunden. Das Mädchen erhält seinen Namen nach Katharinas Tante

Entbindung im frühen 16. Jh. (aus „Der schwangeren Frauen und Hebammen Rosengarten" von 1513)

Magdalena von Bora. Einer der Paten wird Nikolaus von Amsdorf, dem Katharina fünf Jahre zuvor offenbarte, dass sie den *Doctor Martinus zum Manne nehmen* wolle.

Am Vorabend seines 48. Geburtstages, am 9. November 1531, wird Luther von Katharina mit einem zweiten Sohn beschenkt, dem *Martinchen*. Er ist als das jüngste Kind nunmehr der Liebling der Eltern. *Mein Martinchen ist mein liebster Schatz, denn solche Kinder bedürfen der Eltern Sorge und Liebe wohl, daß ihrer fleißig gewartet wird. Hänschen und Lenchen können nun reden, bedürfen solche Sorge so groß nicht.*

Sohn Paulus, der am 28. Januar 1533 auf die Welt kommt, soll nach den Vorstellungen seines Vaters gegen die Türken in den Kampf ziehen. Katharina ist entsetzt über diesen Wunsch.

Kurz vor Weihnachten, am 17. Dezember 1534 wird Margarete geboren. Sie erhält ihren Namen nach Luthers 1531 verstorbener Mutter. Als das liebe Töchterchen ein Jahr alt ist, feiert die Familie ein ganz besonderes Weihnachtsfest. Katharina und ihr Gesinde haben wie üblich gebacken und einen guten Festschmaus vorbereitet. Der *herzeliebe* Vater aber hat für die Familie und für die ganze Christenheit das Lied gedichtet: *Vom Himmel hoch, da komm ich her.*

Im Pestherbst 1539 ist Katharina erneut schwanger. Doch am 22. Januar 1540 erleidet sie eine Fehlgeburt, an deren Folgen sie fast stirbt. Mehrere Wochen ist sie dem Tod nahe, kein Stärkungsmittel will anschlagen. Der Kurfürst sendet im Februar ein Reh für die Kranke. Alle Freunde sorgen sich um *die hoch geschätzte Frau, weil sie so krank darniederliegt*. Luther selbst weicht nicht von ihrer Seite. Schließlich lassen das hohe Fieber und die Ohnmachten nach. Sie nimmt wieder Essen zu sich. Laufen muss sie erst wieder erlernen, sie kriecht, hält sich mit den Händen an Tischen und Bänken fest. Ihr starker Wille besiegt die Krankheit. Immer wieder betet sie: *Herr, auf dich traue ich, lass mich nimmermehr zuschanden werden* (Psalm 31). Ende März kann sie das *Hauswesen* wieder selbst leiten. Sie lerne wieder *zu zürnen und zu schelten und fast schon die nachlässige, lästige und ungehorsame Magd zu verwünschen*, schreibt Luther. Im April 1540 ist Katharina wieder genesen. Doch der Schmerz über den Tod des zu früh geborenen und die Sorge um das Seelenheil dieses ungetauften Kindes hält an.
Ihr und allen Frauen in solcher Situation zum Trost verfasst Luther die Schrift: *Ein Trost den Weibern, welchen es ungerade gegangen ist mit Kindergebären.*

Im Hause Luther

Katharinas Regiment   Erst am 4. Februar 1532 wird Familie Luther Eigentümer des Schwarzen Klosters. Endlich gesicherte Verhältnisse. Kurfürst Johann (1468–1532) überschreibt ihnen *die neu Behausung in unserer Stadt Wittenberg, welche hievor das Schwarze Kloster genannt*, als erblichen Besitz. Und der Kurfürst gewährt ihnen Befreiung von allen Abgabenlasten und die Erlaubnis, Bier zu brauen und Vieh zu halten. Haus und Grundstück gehören nun *D. M. Luther, Katharin seinem ehelichen Weib und ihrer beider Leibeserben*.

Katharina ist die Frau des Hauses, keine Hausfrau im heutigen Sinne. Eher ist sie Leiterin des *mittelständischen Unternehmens Luther*. Dazu gehören in den 1530er Jahren Gartenbau, Brauerei, Fischzucht, Ackerbau und Viehzucht, Bienenzucht, Wein- und Hopfenanbau. Außerdem betreibt sie bereits seit den späten 1520er Jahren ihre *Studentenburse*: ein Internat mit Vollverpflegung für zehn bis zwanzig zahlende Studenten. Die renovierten ehemaligen Zellen der Mönche sind belegt mit Schülern, Studenten und Hausgästen. Die Nachfrage ist größer als die 40 Plätze, auf die Katharina die Zahl der Kostgänger beschränkt hat. Damit erbringt sie auch einen bedeutenden materiellen Beitrag zum Unterhalt. Allerdings muss sie gelegentlich auf *richtige Bezahlung* dringen, was ihr als Geiz oder Habsucht ausgelegt wird. Und Größe und Erfolg ihrer Burse erregen in Wittenberg auch Neid und Missgunst.

Schon 1527 beschäftigt Katharina mehrere Mägde, und in der großen *Schwarzküche*, einem 1519 errichteten Hausanbau mit Brunnen, wirtschaftet Köchin Dorothea. Ein Kutscher, Knechte,

Mägde und auch Tagelöhner gehören zum ständig wachsenden Personal. Alle sind anzuleiten und zu beaufsichtigen, Katharina muss sich durchsetzen. Und Luther überträgt ihr gern die *häusliche Verantwortung*. Seiner Ansicht nach hat in Haus und Wirtschaft die Frau zu regieren: *Das Weib habe das Regiment im Hause, unbeschadet des Mannes Recht und Gerechtigkeit. Denn das ist wahr, die häuslichen Sachen, da sind die Weiber geschickter und beredter als wir.*

Katharina versteht es, ihren *Doctor Martinus* zu überreden, mit Worten und auch mit Tränen. Sie kann auch mit seinem cholerischen Temperament umgehen, von dem er selbst sagt: *Ich habe kein besser Werk denn Zorn und Eifer; denn wenn ich wohl dichten, schreiben, beten und predigen will, so muss ich zornig sein: da erfrischt sich mein Geblüte, mein Verstand wird geschärft und alle unlustigen Gedanken und Anfechtungen weichen.*

Gastfreundschaft

Das große Haus füllt sich bald mit Gästen, die Tage, Wochen und manchmal sogar Jahre hier wohnen. Es kommen entflohene Mönche und Nonnen, stellenlose oder vertriebene Pfarrer, Besucher, Gemütskranke und andere Kranke, Verwandte und Freunde. 1525 werden mehrere adlige Ordensschwestern beherbergt. Hanna von der Saale, eine Verwandte von Katharina, findet 1527 Aufnahme im Lutherhaus. 1528 wohnt die aus dem Freiberger Kloster geflüchtete Herzogin Ursula von Münsterberg mehrere Monate hier. Weitere adelige Freiberger Nonnen folgen ihr nach.

Zur großen Freude von Katharina zieht eine ihrer Tanten ins Schwarze Kloster ein, das jetzt das Wohnhaus der Familie Luther ist. Vermutlich hat *Lene von Bore*, die in der Klosterrechnung von April 1526 nicht mehr erwähnt wird, Marienthron bald nach der Heirat ihrer Nichte verlassen. Sie unterstützt Katharina im Alltag und ganz besonders während der Schwangerschaften und im Wochenbett. *Muhme Lene* umsorgt die Kinder, spielt und betet mit ihnen und wird von allen im Haus und von den Freunden der Familie geliebt. Und bei Krankheit und in Pestzeiten ist sie die *Siechenmeisterin*, von der Nichte Katharina immer noch etwas lernen kann. Im Haus gehört ihr ein eigenes beheizbares Stüblein.

Hieronymus Weller von Molsdorf, der Luthers Sohn Johannes als Hauslehrer unterrichtet, lebt acht Jahre im Haus und hat hier ebenfalls freie Kost und Logis.

Auch wegen ihres Glaubens Verfolgte finden bei Familie Luther Schutz und Unterkommen: So zum Beispiel Konrad Cordatus, der 1526 aus der Haft in Ungarn flieht und einige Wochen hier lebt. Wiederholt wird er im Haus beherbergt, 1531/32 sogar mit Ehefrau Christina und mindestens einem Sohn. Cordatus ist ein schwieriger Charakter. Seine Zwickauer Pfarrstelle verliert er im Mai 1531, weil er sich *durch seine Grobheit und Arroganz höchst verhasst gemacht* hat. Wir würden ihn heute wohl als Eiferer bezeichnen. Er brennt für Luthers Lehre und ist der Erste, der bei Tisch alles mitschreibt, was der von ihm hoch verehrte Professor äußert. Geistvolles, aber auch vieles, was nicht für den Druck bestimmt ist. Cordatus, von dem Luther sagt, dass er mit ihm ins Feuer gehen würde, ist nicht gut auf die selbstbewusste Katharina zu sprechen.

Wie aber mag es für die jungverheiratete Katharina gewesen sein? Da sitzt einer am Tisch, der sich bedienen lässt und dann das Essen auch noch geringschätzt. Und ihrem Mann vorwirft, er lasse sich von seiner Gattin bestimmen. Auf fast schon gehässige Art bannt Cordatus jede scherzhafte oder neckende Bemerkung Luthers zu seiner Frau aufs Papier, auch jeden einer Wein- oder Bierlaune geschuldeten Spruch. Ganz besonders missfällt ihm, dass sie, wenn das Essen serviert wird, Gespräche unterbricht mit Sätzen wie: *Was ist denn, dass ihr ununterbrochen redet und nicht esst?*

Von vielen anderen Gästen und Freunden wird sie dagegen hoch geschätzt. 1536 schenkt der Straßburger Reformator Wolfgang Capito ihr einen Goldring. An Luther schreibt er: *Ich liebe sie von Herzen als diejenige, welche dazu geboren ist, Deine Gesundheit aufrechtzuhalten, damit Du desto länger der unter Dir geborenen Kirche, d.h. allen Christgläubigen zum Heile dienen kannst.*

Leider verliert Katharina den Ring, vermutlich bei der Gartenarbeit: Man findet ihn erst 2005 bei Ausgrabungen am Lutherhaus.
Mehrfach ist Dr. Robert Barnes, der Kaplan von Heinrich VIII., Gast im Lutherhaus, zuletzt 1539. Ihm empfiehlt Luther seine Ehefrau als Lehrer der deutschen Sprache: *Sie kann's so fertig, dass sie mich weit überwindet.* Nach seiner Heimkehr nach England wird der *gute Tischgeselle und Hausgenosse* verhaftet. Ohne Prozess lässt ihn Heinrich VIII. am 30. Juli 1540 wegen seines evangelischen Glaubens als Ketzer durch Verbrennen in London hinrichten.

Neffen und Nichten, Kinder von Freunden und Bekannten werden ebenfalls aufgenommen. Sie müssen ernährt, erzogen und unterrichtet werden, arbeiten aber auch im Haushalt mit. So zum Beispiel die Kinder von Luthers Schwestern: Cyriakius Kaufmann, Hans und Magdalena Polner. Die Neffen studieren ab 1530 an der Universität Wittenberg. Nach dem frühen Tod ihrer Eltern werden auch noch Magdalena, Else, Fabian und Andreas Kaufmann in die Familie aufgenommen. Auch Martin, der Sohn von Schwager Jakob Luther, und Florian von Bora, der Sohn von Katharinas Bruder Hans, kommen zum Studium nach Wittenberg und wohnen im Lutherhaus.

Bei so vielen jungen Leuten herrscht oft Trubel. Der Doktor zieht sich zum Arbeiten in sein Turmstübchen zurück, Katharina muss zusehen, dass Ordnung herrscht. Besonders Pflegetochter Magdalena Kaufmann erweist sich als frühreif, aufmüpfig und *mannstoll*. Magister Veit Dietrich, der mit sechs Schülern im Lutherhaus lebt, wirbt 1534 um das Mädchen. Katharina und auch Luther selbst lehnen die Verbindung ab: Magdalena müsse noch besser *gezogen* werden, meint Luther. Er wolle *keinen frommen gelehrten Mann mit ihr betrügen*. Veit Dietrich ist enttäuscht und gibt Katharina die Schuld. Er verlässt im Oktober 1534 mit seinen Schülern das Haus.

Auch Betrügerinnen kommen ins Haus. So die vorgebliche Nonne Rosina von Truchseß, die sich beliebt zu machen versteht und sich doch als Lügnerin und Diebin erweist. 1541 wird die *unverschämteste Metze* von Katharina entlassen. Eine weitere Magd, eine *zweite Rosina – der Schlingel Schweinescheiße*, wie Luther schreibt, sorgt 1545 für Verdruss.

Die Erzköchin *Herr Käthe*, wie Luther seine Frau neckend und gleichzeitig anerkennend nennt, führt das Regiment im Haus. Aufgestanden wird im Hause Luther sehr früh, Katharina steht im Sommer schon um 3 oder 4 Uhr auf, im Winter um 5 Uhr. Als Morgenimbiss werden Suppen, Breie und Brot verzehrt. Das *Frühmahl* oder *Morgenmahl*, das etwa unserem Mittagessen entspricht, gibt es gegen 10 Uhr, gegen 17 Uhr findet das *Nachtessen* statt. Gespeist wird im Refektorium an mehreren Tafeln. Zu versorgen sind 35 bis 50 Personen. Bei Tisch hilft ein Famulus beim Bedienen und Einschenken. Gegessen wird mit der Hand, mit Löffel und Messer.

Küche im 16. Jahrhundert

Köchin Dorothea besorgt die Küche, natürlich nach Anweisung und unter Aufsicht von Katharina. Von Luther werden die Kochkünste Dorotheas und Katharinas hoch geschätzt, denn *es ist ein gemarterter Mann, dess' Weib und Magd nichts wissen in der Küche: Es ist das erste Unglück, woraus viele Übel folgen.*

Gekocht wird im Einklang mit den Jahreszeiten und mit der *Temperamentenlehre* – das bedeutet, dass die Speisen das „Temperament" des Essers berücksichtigen und dessen Gesundheit erhalten sollen. Luther selbst darf zu den Cholerikern gezählt werden: willensstark, keinen Widerstand scheuend, furchtlos und entschlossen, aber auch leicht erregbar. Katharina weiß, was dem Geschmack ihres Mannes entspricht, aber auch, was ihm gut tut.

Luther liebt deftige Hausmannskost. Eine *reine, gute, gemeine Hausspeise*, wie oft von ihm zu hören ist. Als er 1537 in Schmalkalden schwer an seinem Steinleiden erkrankt ist, will er zum Entsetzen der Ärzte nichts essen außer Brathering und kalte Erbsen. *Und die Medici hatten ihm auch viel Speise verboten / Da war die Frau im Hause zu ihm kommen / die hatte ihn gebeten / Er sollte doch sagen / wozu er Lust hätte zum Essen / so wollte sie es ihm zurichten / Da hätte er gesaget / Er möchte gerne kald Erbeis [kalte Erbsen] und Bradhering essen / die hette sie ihm gemacht / Und er hette flugs darauff wol geschlafen …* (Aurifaber 1566)

Auch zu Hause in Wittenberg gibt es oft Hering. Ein Fass Salzheringe gehört zum ständigen Vorrat, und meist hat Katharina auch einen Teil zum Entsalzen in Wasser, Milch oder Essigwasser einlegen lassen. Ihr *Eheherr* hat einen Grundsatz, den nicht nur die Ärzte, sondern auch sie selbst und Muhme Lene problematisch finden: *Ich esse, was mir schmeckt und leide danach, was ich muss.*

Am Tisch mit Martin Luther Katharina braut Bier im eigenen Brauhaus. Für Braugeräte wie die kupferne Braupfanne, Gärbottich, Maischbottich fallen über die Jahre Kosten von etwa 150 Gulden an. Das Braurecht besteht für 12 Gebräude Bier, etwa so viel, wie auch im Kloster Marienthron gebraut wurde. Bier, speziell Dünnbier (Kofent), ist ein wichtiges Grundnahrungsmittel – und eine Alternative zum Wasser, das damals nur schlechte Qualität hatte. Wie Wein wird auch Bier zum Kochen verwendet. Bei 40 bis 50 Personen, die täglich im Refektorium speisen, ist der Verbrauch entsprechend hoch. Gelegentlich wird das wohlschmeckende, aber teure Torgauer Bier zugekauft oder sie erhalten ein Fass Vollbier als Geschenk.

Luther selbst schätzt Wein höher als Bier: Der *Wein ist gesegnet und hat das Zeugnis in der Schrift. Das Bier dagegen ist menschliche Tradition.* Luthers besitzen einen eigenen Weinkeller, der dank der Spenden des Kurfürsten und des Wittenberger Rates gut gefüllt ist. Es wird aber auch Hauswein bereitet. Doch Katharinas Hausbier trinkt Luther am liebsten und preist es als erprobtes Heilmittel gegen Steinleiden. Zumindest in späteren Jahren schätzt er als *Schlaftrunk* eine Kanne Bier.

Am 29. Juli 1534 schreibt er aus Dessau an seinen *freundlichen lieben Herrn Frau Katharina von Bora, lieber Herr Käthe! Wie gut Wein und Bier hab ich daheim, dazu eine schöne Frau, oder sollt ich sagen: Herren! Du tätest wohl, dass Du mir den ganzen Keller voll meines Weins und eine Flasche Deines Bieres herüberschicktest ... Sonst komme ich erst wieder, wenn Du von neuem Bier gebraut hast.*

Und einmal scherzt er in einem Brief am 2. Juli 1540 aus Weimar an seine *herzliebe Käthe*, die sich wohl Sorgen um seine Gesundheit machte: *Ich fresse wie ein Böhme und saufe wie ein Deutscher.*

Zu den Haus- und Tischgenossen kommen noch die täglichen Besucher und Gäste hinzu: Bekannte, Freunde, Verwandte, ehemalige Ordensbrüder, Amtsgenossen und Mitbürger. Hohe weltliche und geistliche Herren aus vielen Ländern, angesehene Bürger aus Kursachsen und der Grafschaft Mansfeld und aus ganz Deutschland. Auch Fürsten und Adlige sind oft über Wochen zu Gast: der sächsische Herzog Johann Ernst, Herzog Franz von Lüneburg oder Kurfürstin Elisabeth von Brandenburg. Selbst der Kurfürst möchte von ihr bekocht werden. Als er sich in der Zeit vom 8. bis 14. März 1534 in Wittenberg aufhält, wünscht er, dass Katharina ihm hinter dem Stadtwall eine *Collation* (einen Imbiss) darreiche.

*Martin Luther musizierend im Kreis der Familie,
Gemälde von Gustav Adolf Spangenberg, um 1875*

In Gesellschaft seiner Freunde, bei deftigem Schweinebraten oder einfach nur Röstbrot zu Wein und Bier, Gesprächen, Scherzen und Gesang hellt sich auch die Stimmung ihres zu Schwermut neigenden Gemahls bald auf.

Scherze und Neckereien, launige und derbe Sprüche gehören zum Alltag. Und Katharina ist selbst nicht auf den Mund gefallen. Es ist bedauerlich, dass keiner ihrer Briefe an Luther erhalten geblieben ist. Auch wird nach Tisch gern musiziert und gesungen. Katharina hat eine gute Gesangsausbildung und eine geschulte Stimme, und ihr *Doctor Martinus* begleitet sie auf der Laute. Eines ihrer Lieblingslieder ist *Herr Christ, der einig Gotts Sohn (Eyn Lobsanck vom Christo)*. Dieses Lied hat ihre leider schon früh verstorbene Freundin Elisabeth von Meseritz (1507–1535) gedichtet. Auch Luther liebt dieses Lied und hat es 1524 in das neue Gesangbuch aufgenommen. Katharinas Sohn Johannes wird 1554 die Tochter ihrer Freundin Elisabeth heiraten – aber das erlebt sie leider nicht mehr.

Feiern   Gefeiert wird im Hause Luther gern und zu vielen Anlässen. So wird am Allerheiligentag 1527 trotz Pest mit gutem Wein der zehnte Jahrestag *der niedergetretenen Ablässe* gefeiert. Und am 18. Oktober, dem Jahrestag seines Doktorats, überrascht Katharina den Gemahl mit einem festlichen Abendessen im Kreise der Freunde. Am Martinstag (11.11.) werden der Heilige Martin und der Geburtstag ihres *Doctor Martinus* (10.11.) und später noch ihres *Martinleins* (9.11.) gefeiert – 1532 bei Wildschweinbraten, den die Fürsten von Anhalt dem Reformator verehren. Eingeladen sind Justus Jonas, Melanchthon, Bugenhagen und Cruciger.

Auch Fastnacht – die fröhlichen Tage – sind ein Anlass zum Feiern. Gern wird *Königreich* gehalten mit religiöser Unterweisung und Festmahl. Dabei werden Psalmen gesungen, der Katechismus und Gebete aufgesagt. Zum Jahrmarkt, am St. Nikolaustag und zu Weihnachten (am 25. Dezember) werden die Kinder beschenkt, am Neujahrstag das Gesinde. Die Weihnachtsbescherung für Kinder hat vermutlich sogar im Lutherhaus ihren Ursprung: Der *Heilige Christ*, das Christkind, beschenkt die Kinder im Haus. Zum Weihnachtsfest gehört auch eine reich gedeckte Festtafel. Zuvor aber, in der Adventszeit, sollen die Kinder das Fasten lernen, um sich auf die Ankunft Jesu vorzubereiten und um den Überfluss an den Festtagen zu schätzen. Aufgetischt werden dann Rinder- und Schweinefleisch, Gänsebraten, Würste, Christbrot, Pfefferkuchen, Äpfel und Nüsse, denn gutes und reichliches Essen soll auch Segen für das kommende Jahr bringen.

Auch für Geburtstage, Doktorschmäuse, Arbeitsessen und für die vielen Verlobungs- und Hochzeitsfeiern ist Katharina zuständig. Für die Taufessen ihrer Kinder trifft sie bereits ein oder zwei Wochen vor der erwarteten Geburt Vorkehrungen, instruiert die Köchin und das Gesinde. Denn die Taufe findet ja nur wenige Stunden nach der Geburt des Kindes statt, damit *aus dem Heiden* bald ein Christ werde.

Wildbraten, besonders Wildschwein am Spieß, wird als Festbraten für Hochzeiten besonders geschätzt. Da die hohe Jagd ein Vorrecht der Fürstenhöfe ist, bittet Luther befreundete Fürsten oft um eine solche Gabe. Katharina bestellt bei Freunden als Füllung für Pasteten auch Vögel oder Hasen. Als Nichte Magdalena Kaufmann 1538 erwachsen genug ist, wird an Luthers Geburtstag ihre Verlobung mit Professor Ambrosius Berndt aus Jüterbog gefeiert – und bald darauf auch die Hochzeit. Luther bittet den Fürsten von Anhalt, ihm für das Festessen einen Frischling oder Schweinskopf zu schenken. Der Stadtrat spendiert ein Stübchen Frankenwein (ca. 3,5 Liter) und vier Quart Wein aus Jüterbog (ca. 4,7 Liter). In der großen Schwarzküche mit den zwei Herdstellen wird gebacken, gebraten und gekocht. Die Weinauswahl trifft Luther persönlich, *denn man soll den Gästen einen guten Trunk geben, dass sie fröhlich werden…*

> *Darf unser Herrgott große Hechte und Rheinwein schaffen, so darf ich sie auch essen und trinken; es ist dem lieben Gott recht, wenn du einmal aus Herzensgrund dich freuest oder lachest.*
> (Martin Luther)

Für Lucas Cranach d. J., der am 20. Februar 1541 Barbara von Brück heiratet, richtet Katharina ein Essen an mehreren Tischen aus. Erst wenige Wochen zuvor, Weihnachten 1540, ist Barbara Cranach verstorben, der Katharina so viel zu verdanken hat. Sie bemüht sich, der Familie beizustehen – so, wie die Familie Cranach ihr nach der Klosterflucht geholfen hat.

Auch die Verlobung und die Hochzeit von Johanna Strauß, der Enkelin von Luthers Schwester, finden im Lutherhaus statt. Die Verlobung mit Heinrich von Kölleda wird am 4. Advent 1541 gefeiert. Da passt es gut, dass die Fürsten von Anhalt dem Reformator gerade ein Wildschwein zum Geschenk gemacht haben. Er bittet dann nochmals um Wildbret für die Hochzeit am 30. Januar 1542. *Hier ist wenig zu bekommen … weder Hühner noch ander Fleisch*. Das erbetene Wildbret wird geliefert. Die Gäste müssen nicht, wie Luther scherzt, *mit Würsten und Kaldaunen* – also eher minderwertigen Speisen – vorlieb nehmen.

Es ist das letzte Hochzeitsfest, das Katharina und ihr *Doctor Martinus* ausrichten. Es wird ihnen nicht vergönnt sein, die Hochzeiten der eigenen Kinder zu erleben.

In Küche und Vorratskammer Vorratswirtschaft ist im 16. Jahrhundert überlebensnotwendig. Die Ernte und die Naturaliengeschenke müssen verarbeitet und so eingelagert werden, dass nichts verdirbt. Von Bauern und auf dem Markt wird zugekauft.

In der *Speisekammer* des Lutherhauses lagern Erbsen, Linsen, Hirse, Grütze, Mehl und Reis, getrocknetes und gebackenes Obst, Nüsse, getrocknete Pilze und Kräuter. Kraut, Gurken und Rüben werden durch Milchsäuregärung haltbar gemacht. *Eingekellert* werden Wurzel- und Knollengemüse: Speiserüben, Rettiche, Pastinaken, Gelbe Rüben (= Möhren), Meerrettich.

Aus *Milch* werden Dickmilch, Quark, *Käse* und Butter bereitet. Um Butter haltbar zu machen, wird sie entweder stark gesalzen und bei Gebrauch wieder ausgewaschen oder sie wird zu Butterschmalz verarbeitet. Butter ist in Wittenberg besonders teuer. Katharinas Viehzucht reicht nicht aus, um für den großen Haushalt genügend Käse und Butter herzustellen. Deshalb bestellt sie auch gegen Bezahlung bei Freunden. Käse gehört zur Alltagskost, wobei Luther den selbst zubereiteten Frischkäse und die einfachen Handkäse (Sauermilchkäse) besonders schätzt.

Roggenmehl wird zu Brot verbacken. Es wird viel Brot gegessen, Butterbrote lobt Luther als gutes Essen für die Kinder. Geröstetes Roggenbrot wird aber auch zum Binden und Würzen von Soßen verwendet. Aus *Weizenmehl* werden Torten, feine Hefe-, Schmalz- und Brandteiggebäcke hergestellt. Mit Semmelkrumen werden Mus und Fruchtsuppen angedickt. Aus Hafer und Gerste werden wie zu Klosterzeiten Suppen, Grütze, Brei und Mus bereitet, die als Morgenimbiss bald nach dem Aufstehen verzehrt werden. Gerste wird natürlich auch zum Brauen benötigt.

Frisches *Fleisch* von Rind, Kalb, Schwein und Schaf gibt es im Herbst und Winter. Haltbar gemacht wird es durch Pökeln, Räuchern, Konservieren in Fett und durch Trocknen. Hinterviertel vom Ochsen werden in Bratenstücke gehauen und schichtweise in Essig mit Wacholderbeeren eingelegt. Fleisch von Schweinen, Enten oder Gänsen wird auch gesalzen und längere Zeit im eigenen Fett gegart. Fleisch, Würste und Fett werden schichtweise in Waldenburger Steinzeugtöpfe gefüllt und mit Schmalz oder Talg verschlossen.

Die große Schwarzküche ist gleichzeitig eine begehbare *Räucherkammer.* Schinken, Speck, Würste, Fische, Geflügel, Knoblauch- und Zwiebelzöpfe hängen an Stangen und Haken im abziehenden Rauch der Herdstellen.

Erst mit dem Erwachen der Natur, ab Mitte/Ende Februar, gibt es wieder frische *Eier.* Um auch im Winter Eier zu haben, werden schon im August bei abnehmendem Mond Eier in Kleie eingelegt. Auf den Tisch kommt *Geflügel* aus eigener Aufzucht,

Fischzucht und Fischfang im 16. Jahrhundert

vom Markt und von den Bauern der Umgebung. Gänse speziell am Martinstag. Gelegentlich erhält Luther einige wohlgemästete Gänse als Geburtstagsgeschenk.
Frische *Seefische* sind selten auf dem Wittenberger Markt, angeboten werden vor allem Salzheringe und Stockfisch. *Süßwasserfische* kommen aus den Teichen oder von den Elbefischern. Sie werden frisch angeboten – in Haltern – und erst beim Kauf oder zu Hause geschlachtet. Katharina züchtet in den 1530er Jahren selbst Fische: Eigene Hechte und Schmerlen, Kaulbarsche, Karpfen und Forellen bringt sie *gesotten auf den Tisch*. Man isst davon *mit großer Lust und Freude und Danksagung*. Um sie haltbar zu machen, werden die Fische geräuchert oder gebraten und dann in Essig eingelegt.

Gewürze sorgen für bessere Bekömmlichkeit und nach der Temperamentenlehre auch für Ausgleich. Salz, Senf, Zwiebeln, Petersilie, Kresse und andere frische und getrocknete *Kräuter*, Safran, Mohn und Kümmel werden häufig verwendet. Aber auch der teure Pfeffer sowie Zimt, Nelken, Muskat und Muskatblüte. Gesüßt wird mit *Honig* aus der eigenen Bienenzucht und mit teurem Zucker aus Cranachs Apotheke.

Im Sommer und Herbst, wenn das *Obst* reif ist, freuen sich die Kinder und Erwachsenen auf Kirschen, Pflaumen, Spillinge, Pfirsiche, Birnen, Weintrauben und Äpfel. Obst ist für die Kinder eine himmlische Köstlichkeit. Als Luther sein dreijähriges Töchterchen Magdalena fragt, ob sie auch in den Himmel kommen will, sagt sie: *Ja, denn da werd ich gnug Äppel haben, Birnen, Zucker, Zwetschgen.*

Die gelben Musäpfel, die runden, dunkelroten Musäpfel mit den rosaroten Streifen und die kleinen Musäpfel haben einen feinen Weingeschmack. Sie sind saftig und können bis in den Winter gelagert werden. Auch die saftigen, weinsauren gelben *Maidezizchen* aus dem Mansfelder Land sind als Tafelobst und in der Küche sehr beliebt. Oft erhält die Familie auch Äpfel und anderes Obst geschenkt. Hoch geschätzt und von Katharina auch gern bei Freunden bestellt: Borsdorfer Äpfel, Gold- und Blutäpfel.

Birnen werden zum Kochen und Backen verwendet, als Tortenfüllung, für Geflügel- und Fischgerichte, als Mus oder Brotaufstrich. Im Ofen gebacken, sind sie lange haltbar und werden für Früchtebrot oder als Tortenbelag genutzt.

Obst wird getrocknet, gebacken, als Mus oder Latwergen (getrocknetes Fruchtmus mit Zucker oder Honig, meist gewürzt) eingelagert. Fruchtmus wird eingedickt und dadurch oder durch Zugabe von Honig und Zucker haltbar gemacht.

Einige Wildobstsorten, oft herb bis bitter, werden sowohl in der Küche als auch medizinisch genutzt. Elsbeeren helfen bei Magen-Darm-Erkrankungen, können aber auch für Kompott und Gelee verwendet werden. Katharina hat eine große Vorliebe für Elsbeeren. Luther schreibt 1526 seinem Freund Johannes Agricola, dass er ihm diese köstlichen Früchte schicken soll. Agricola besorgt Elsbeeren und Mispeln, die Luther besonders schätzt. Wildpflaumen und andere säuerliche Pflaumen werden gern für Soßen (*Salsen*) verwendet. Unreife Trauben werden zum Temperieren der Speisen und für die Herstellung von Agrest (*Verjus*) genutzt. Dieser saure Saft ist milder und bekömmlicher als Essig und wird auch als Heilmittel verwendet.

Im Garten

Der vorhandene Garten wird gepflegt und erweitert. Neue Beete werden angelegt – aus dem ehemaligen Friedhof wird ein Gemüsegarten. Bäume werden gepflanzt, verschnitten und veredelt. Einige Weinstöcke und Spalierobst stammen sicher noch aus der Klosterzeit. Und bald werden weitere Gartengrundstücke erworben. Auch Luther liebt das Gärtnern. Zumindest in den ersten Ehejahren arbeitet er im Garten mit. Unter dem schönen Birnbaum im Klosterhof, unter dem er jetzt gern mit seinem *Herrn Käthe* sitzt, hat er schon mit *Vater Staupitz* gesessen.

> *Ich habe einen **Garten** bepflanzt, einen Brunnen gegraben, beides mit gutem Glück. Komm, und Du sollst mit Lilien und Rosen bekränzt werden.*
> Martin Luther an seinen Freund Georg Spalatin, Juni 1526

Gurken, Melonen, lange Erfurter Rettiche, Kürbisse, Kohl, Rüben, Amaranth, Zwiebeln, Lauch, Petersilie, Meerrettich und verschiedene Salatsorten wachsen im Garten. Und natürlich die typischen Klostergartengewächse: Salbei, Kerbel, Raute, Sellerie, Schwertlilien, Liebstöckel, Fenchel, Minzen, Frauenminze, Andorn, Eberraute, Muskatellersalbei, Betonien, Wermut, Schlafmohn und Odermennig. Auch Safran und Borretsch werden angebaut.

Liebstöckel

Bei der Gartenarbeit wird sich am Mondkalender orientiert.
Bei abnehmendem Mond werden Wurzelgemüse wie Rüben, Möhren, Pastinaken und Zwiebeln gesät. Bei zunehmendem Mond alles, was oberirdisch Frucht bringt: Kohl, Salat, Getreide. Katharina und Martin haben beide eine große Vorliebe für Gewächse, die schon in der Bibel erwähnt werden. So gibt es bei ihnen auch Feigen- und Maulbeerbäume.

Aber Familie Luther hat ihre Gärten nicht für sich allein. Raupen fressen am Kohl, darüber hinaus suchen Spatzen, Krähen, Dohlen und manchmal auch hungrige Studenten die Gärten heim. Garten und Hof sind zudem Spielplatz für ihre Kinder und deren Freunde aus der Nachbarschaft sowie für die im Haus aufgenommenen Kinder. Hier können sie auf ihren Holzpferden reiten, mit Armbrüsten schießen, Murmeln rollen lassen, Kegel schieben und Musik machen. Hund Tölpel, vielleicht ein Spitz, ist Spielgefährte der Kinder und vertreibt Mäuse und Ratten. Hähne krähen, Hühner gackern, Schweine grunzen. Und neben den Viehställen gehört auch ein Misthaufen zum Anwesen.

Selbst ist die Frau

Mein Herr Käthe fuhrwerkt, bestellt das Feld, weidet, kauft Vieh … Um den täglichen Bedarf für die Großfamilie und die Burse – das Studenteninternat – besser zu sichern, setzt Katharina auf Selbstversorgung.

Die eigene Schweinezucht besteht schon 1527. Im Dezember 1527 sterben fünf Tiere – Luther vermutet, die Pest sei in sie gefahren. Doch es soll bei diesem einen Rückschlag bleiben: 1542, fünfzehn Jahre später, gehört Familie Luther nicht nur bedeutender Grundbesitz (ca. 60 Hektar), sondern auch der größte Viehbestand in Wittenberg: acht Schweine, zwei Muttersauen und drei Ferkel, mehrere Pferde, fünf Kühe, neun Kälber, eine Ziege mit zwei Zicklein und *allerlei Federvieh*.

Wie es zu diesem Wohlstand kommt? Vermutlich durch Katharinas Tüchtigkeit und ihre Überredungskünste: Immer wieder bittet Katharina ihren *Doctor Martinus*, Land zu kaufen und zu pachten. Als Frau ist sie selbst ja nur eingeschränkt rechtsfähig. *Mit Tränen* drängt sie 1531 ihren Ehemann zum Kauf eines kleinen Gartens vor dem Elstertor. Luther wollte das Geld eigentlich Freunden leihen oder schenken. Er, der kein Verhältnis zu Geld hat, bedauert, dass er nicht helfen kann. Seine Frau habe den Garten *nicht für mich, ja gegen mich* erworben.

Nun wirtschaftet die Lutherin mit ihrem Gesinde vor dem Elstertor, wo am 10. Dezember 1520 ihr *Herr Doctor Martinus* die gegen ihn gerichtete Bannandrohungsbulle von Leo X. ins Feuer geworfen hatte. Zuvor hatte man in der alten Universitätsstadt Löwen, in Köln und Mainz seine Schriften verbrannt und noch lieber ihn selbst auf dem Brandstoß gesehen. Und noch immer gilt er als Vogelfreier.

Bald wird weiterer Grundbesitz erworben, so zum Beispiel ein großes Grundstück am *Saumarkt* vom befreundeten Bildhauer Claus Heffner für 900 Gulden. 1536 versucht Katharina, das Gut Booß zu pachten, was aber erst einmal vermutlich durch den einflussreichen kurfürstlichen Rat Doktor Gregor von Brück verhindert wird. Drei Jahre später, 1539, schreibt sie selbst an Landrentmeister Hans von Taubenheim, offenbar ohne Wissen ihres *lieben Herrn*, den sie mit dieser Angelegenheit *nicht beschweren* will. Zu dieser Zeit herrscht *Teuerung* in Wittenberg. *Catharina Lutherynn* möchte das Gut gern für ein oder zwei Jahre für einen angemessenen Pachtzins überlassen bekommen. So könne sie ihre Haushaltung und das Vieh bequemer erhalten. Weil man alles hier aufs Teuerste kaufen müsse, wäre ihr das nahe gelegene Gut von Nutzen. Nach Luthers Tod wird Brück ihr vorwerfen, sie habe das Gut zu einem *liederlichen Zins* gepachtet.

Lutherdenkmal in Neukieritzsch mit Bildnis-Medaillons von Katharina und Martin Luther, umgesetzt aus der Wüstung Zöllsdorf

Im Jahrtausendsommer 1540, nachdem Katharina von ihrer Fehlgeburt genesen ist, kauft Luther für sie als Altersvorsorge von ihrem Bruder Hans das Gut Zöllsdorf (bei Neukieritzsch). Als *Gütlein Zulsdorf* oder *Zülsdorf* findet das *Borasche Erbdächlein* in Briefen oft Erwähnung. Es ist zwei Tagereisen von Wittenberg entfernt.

Das Gut ist heruntergekommen. Der Kurfürst gibt 600 Gulden und lässt Holz anweisen für den Scheunenbau. Freunde leihen Hafer und Saatkorn bis zur nächsten Ernte. Die Ernte fällt vermutlich gering aus, denn von März bis September 1540 herrschen extreme Hitze und Trockenheit. Wälder brennen, Brunnen und Flüsse trocknen aus und das Vieh stirbt.

Ärger gibt es auch wegen des Bauholzes. Katharina hat Eichen im Altenburger Forst fällen lassen, aber als sie die Stämme mit dem Fuhrwerk abholen will, hat der Amtmann das Holz unterschlagen. Sie hat umsonst die weite Fahrt auf sich genommen. Schließlich bekommt sie aber doch Bauholz. Auseinandersetzungen gibt es auch mit den Kieritzscher Bauern wegen des Weiderechts. 1541 kommt es deswegen sogar zum Prozess vor dem Amtmann Heinrich von Einsiedel zu Borna.

Dennoch haben Katharina und ihr *Herr Doctor* Freude an dem Gut und verbringen hier mit ihren Kindern gemeinsame Tage. Das Wohnzimmer hat Katharina bald nach dem Erwerb des *Erbdächleins* mit zwei Medaillons schmücken lassen. Sie zeigen Martin und Katharina, das Gutsbesitzerpaar. (Das Gut in Zöllsdorf verfiel im 18. Jahrhundert. Die beiden Medaillons sind jedoch erhalten geblieben.)

Katharina betreibt nicht nur Ackerbau und Viehzucht, sie

Mit feiner **Ironie**, etwas Spott und viel Liebe betrachtet Luther die Aktivitäten seiner Frau. Als er am 26. Juli 1540 seine baldige Rückkehr aus Weimar ankündigt und nicht sicher ist, ob sich Katharina in Wittenberg aufhält, adressiert er den Brief: *Der reichen Frauen zu Zulsdorf, Frauen Doktorin Katherin Lutherin, zu Wittenberg leiblich wohnhaftig und zu Zulsdorf geistlich wandelnd, meinem Liebchen zu handen. – Abwesend dem Doktor Pomeran* (= Bugenhagen), *Pfarrherr, zu brechen und zu lesen.*

studiert auch die Bibel, nachdem 1534 Luthers vollständige Übersetzung erschienen ist. Im Oktober 1535 schreibt Luther an Justus Jonas: *Es grüßt dich mein Herr Käthe. Sie fuhrwerkt, bestellt das Feld, weidet, kauft Vieh, braut usw. Dazwischen ist sie auch daran gegangen, die Bibel zu lesen und ich habe ihr 50 Gulden versprochen, wenn sie vor Ostern zu Ende käme. Es ist großer Ernst da.*

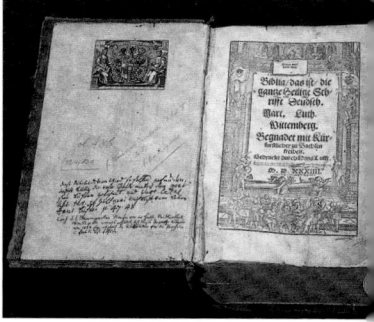

Lutherbibel von 1534 (erste vollständige Bibelübersetzung Martin Luthers ins Deutsche)

Ist Luther auf Dienstreisen, dann steht Katharina auch in Glaubensangelegenheiten dem Hausstand vor. Hält Hausandacht, singt und betet morgens und abends mit Gesinde und Hausgenossen. Lehrt die Gebote, das Glaubensbekenntnis und das Vaterunser, wie es ihr *Doctor Martinus* im Kleinen Katechismus niedergeschrieben hat.

Auch im Wittenberger Haus samt Nebengebäuden ist viel zu tun: Dächer müssen ausgebessert werden, eine neue Treppe wird gebaut. Öfen werden gesetzt und eine Badestube eingerichtet. Räume für die überlebenswichtige Lagerung von Vorräten besaß das Kloster schon; zur großen *Schwarzküche* aus der Klosterzeit gehören Brot-, Mehl- und Speisekammer. Zusätzlich zum großen Keller werden nun noch ein neuer Keller und der Weinkeller angelegt. Dass Bauen auch oft Verdruss mit sich bringt, besonders wenn die Arbeiten nicht ordentlich ausgeführt werden, müssen sie mehrfach erfahren. Bei der Besichtigung des 1532 neu angelegten Kellers stürzt das Gewölbe ein, als sie gerade beim Verlassen des Raumes sind.

Mitte der 1530er Jahre baut man das geräumige Wohnzimmer mit dem schönen Kachelofen ein, das wir heute als Lutherstube kennen. Hier werden Besucher empfangen. Es wird im kleinen Kreis gespeist, geredet, musiziert und Umtrunk gehalten.

Katharinenportal am Lutherhaus

1540, zu seinem 57. Geburtstag, beschenkt Katharina den Gatten mit dem schönen Sitznischenportal, das heute als *Katharinenportal* bekannt ist. Wieder einmal hat sie ihren Willen durchgesetzt und den Eingang zum Haus repräsentativ gestaltet. Die Anfertigung der Sandsteingewände vermittelt der vormalige langjährige Tischgenosse und nunmehrige Pirnaer Pfarrer Lauterbach. Der Transport der *gehauenen Haustür* erfolgt auf der Elbe. Das Medaillon am Baldachin über dem linken Sitz zeigt Luthers Brustbild, das am Baldachin über dem rechten Sitz die Lutherrose. Die lateinische Umschrift ist Luthers Wahlspruch (Jes 30,15): IN SILENCIO ET SPE ERIT FORTITUDO VESTRA. In seiner eigenen Übersetzung: *Durch stille sein und hoffen würdet ir starck sein.*

Wunderliche Haushaltung Einmal rechnet Luther aus, dass die Ausgaben für die täglich von ihm allein verzehrten Semmeln sich auf jährlich 31 Groschen und 4 Pfennige belaufen. Und sein Haustrunk kostet täglich 4 Pfennige. *Ich hätte nicht gemeint, dass auf einen Menschen so viel gehen sollte*, klagt er und überlässt das Rechnen lieber seiner Frau. Für 1535/36 stellt Luther dennoch eine Rechnung für zwölf Monate auf, die *Wunderliche Rechnung gehalten zwischen Doc. Martin und Käthe*. Demnach betragen die Ausgaben 389 Gulden (florin = fl.). Dazu kommen aber noch Kosten für Lebensmittel: für Fleisch, Fisch, Geflügel, Gemüse, Obst, Grütze, Reis und Hirse; ebenso für Hopfen, Öl, Talg, Butter, Honig, Wein und Bier.

Wunderliche Rechnung gehalten zwischen Doc. Martin und Käthe:
90 fl. für Getreide, 90 fl. für die Hufen [= Felder], 20 fl. für Leinwand, 30 fl. für Schweine, 28 fl. Muhme Lene von Bora, 29 fl. für Ochsen, 10 fl. Valt. Mollerstet bezahlt, 10 fl. Geleitsmann, 8 fl. M. Philipp, 40 fl. für Gregor Tischer, 26 fl. Universität ... zus. 389 fl.
außer andern Viktualien

Geld wird auch benötigt für Hanf, Flachs, Wachs, Stoffe, Garn, für Leineweber, Schmiede, Fleischer, Arzt und Hauslehrer. Für Gewürze und Zucker bei Freund und Apotheker Cranach. Für Knechte, Mägde, Hirten, Tagelöhner und auch für Bettler.

Weitere Kosten entstehen durch Bewirtungen, Geschenke zu Neujahr, Jahrmarkt und St. Nikolaus, durch Patengeschenke und Hochzeiten. Luther und Katharina werden oft als Paten erwählt und zu Hochzeiten eingeladen. Als Geschenk wird jedes Mal ein Silberbecher erwartet, zumindest aber eine Silbermünze. 1543 klagt Luther: *Die täglichen Hochzeiten hier erschöpfen mich.*

Als er im Jahre 1542 sein Testament niederschreibt, stellt er fest: *Ich habe eine wunderliche Haushaltung, ich verzehre mehr als ich einnehme …* Seit 1536 erhält Luther 300 Gulden Jahresgehalt. Ausgeglichen wird der Fehlbetrag durch die Tüchtigkeit seines *Herrn Käthe* und durch reiche Geschenke hauptsächlich vom Landesherrn, aber auch von Freunden und Gönnern. Katharinas gutes Wirtschaften und ihre Sparsamkeit weiß ihr Eheherr zu schätzen: *Das Weib kann den Mann wohl reich machen, aber nicht der Mann das Weib. Denn der ersparte Pfennig ist besser denn der erworbene.* Und er bezeugt seiner Frau: *Was sie jetzt hat, das hat sie selbst mit mir zusammen angeschafft.*

Die Stadt Wittenberg honoriert Luthers Wirken als Seelsorger und Prediger mit Geschenken: mit einem halben Lachs oder mit Wein aus dem Ratsweinkeller. 1529 erhält *die Frau Doktor* in Abwesenheit ihres Mannes 10 Taler, weil man Luther *dies Jahr sonst keine Verehrung getan*. Dafür predigt Luther ohne Gehalt in der Stadtkirche und vertritt dort oft Pfarrer Bugenhagen.

Ab 1532 – unter dem neuen Kurfürsten Johann Friedrich I. – erhält Luther zusätzlich Naturalien: jährlich 100 Scheffel Korn, 100 Scheffel Malz für zwei Gebräude Bier, 60 (später 100) Klafter Holz und zwei Fuder Heu. Fürsten und Freunde bedenken Martin Luther und die anderen Wittenberger Reformatoren gelegentlich mit Wildbret, Fischen, Bier oder Wein. Der dänische König Christian III. sendet 1543 Butter- und Heringsfässer nach Wittenberg für Luther, Bugenhagen und Justus Jonas. Die Waren kommen jedoch verdorben an, weil unterwegs mit dieser *Küchenspeise unschicklich umgegangen* wird. Bei mehr als tausend Heringen in jedem Fass will man sich den Geruch lie-

Türme der Stadtkirche St. Marien in Wittenberg, in der Luther als Prediger seit ca. 1514 wirkte

ber nicht vorstellen. Die Naturallieferung wird deshalb in einen jährlichen Ehrensold von 50 Gulden umgewandelt.

1538 erhält das Ehepaar Luther ein Fässlein Mündener Schafkäse von Herzogin Elisabeth von Braunschweig-Lüneburg und sendet ihr dafür Maulbeer- und Feigenbaumsetzlinge. Und der Torgauer Richter Anton Unruhe beschenkt sie mit einer Kufe Torgauischen Bieres (1 Kufe = 2 Fässer = 560,2 Liter), für das sich Luther am 13. Juni 1538 bedankt. Ob jedoch der Rheinwein aus dem großen Fass, das Luther 1540 vom hessischen Landgrafen Philipp für seinen *Beichtrat* – die Billigung der Bigamie des Landgrafen – übersandt wurde, ihm mundete? Wir wissen es nicht. Die Doppelehe seines *Beichtkindes* bereitete ihm und Melanchthon viel Kummer und ein Glaubwürdigkeitsproblem.

Ich habe meine Käthe lieber denn mich selber: Martin Luther und Katharina

Seine *Herzenskäthe* Kurz nach der Hochzeit, am 21. Juni 1525 schreibt Luther an Nikolaus von Amsdorf: ... *Ich empfinde nicht hitzige Liebe oder Leidenschaft für meine Frau, aber ich habe sie sehr gern.* Ein Jahr darauf sieht er sich als glücklicher Ehemann und seine Katharina als *die beste Frau und das geliebteste Weib.*

Elf Jahre später, als er im Februar 1537 (während der Tagung des Schmalkaldischen Bundes) glaubt sterben zu müssen, diktiert Luther auf der Rückreise in Gotha seinen Letzten Willen. Er bittet: *Tröstet meine Käthe, dass sie dies trage dafür, dass sie zwölf Jahre mit mir froh gelebt hat. Sie selbst hat mir gedient nicht allein wie eine Gattin, sondern auch wie eine Magd. Gott vergelt es ihr! Ihr aber sollt für sie sorgen und ihre Kinder, wie sich's geziemt. - Ich habe meine Käthe lieb, ja ich hab sie lieber denn mich selber, das ist gewisslich wahr; ich wollt lieber sterben, denn dass sie und die Kinderlein sterben sollten.*

> *Sie ist mir willfährig und in allen Dingen gehorsam und gefällig, viel mehr, als ich zu hoffen gewagt hatte (Gott sei Dank!), so dass ich meine Armut nicht mit den Schätzen des Krösus tauschen möchte.*
> Martin Luther über Katharina

Auch wenn Katharina die Launen und Eigenheiten ihres Gatten duldet – Auseinandersetzungen weichen beide nicht aus. Denn es *gehet in der Ehe nicht allzeit schnurgleich zu.* Auch wegen Kleinigkeiten kann es zu heftigem Streit kommen. *Hauszorn ist nur unsers Herrn Gotts Puppenspiel,* schreiben die Tischgäs-

> Der langjährige Hausgenosse **Hieronymus Weller von Molsdorf** aus Freiberg erinnert sich, dass Luther oft sagte: *Er preise sich von Herzen glücklich, dass ihm Gott eine so folgsame, bescheidene und kluge Gemahlin geschenkt, welche so ausgezeichnet für seine Gesundheit sorge und eintreten könne und sich so geschickt seinem Wesen anzupassen und seine Fehler und Unannehmlichkeiten mit so stillem Gemüte zu tragen wisse ...*
>
> ⛤

te mit. *Wenn ich dem Teufel, Sünde und Gewissen einen Zorn kann ausstehen, so stehe ich Käthen von Boren auch ein Zorn aus.* Und dennoch: Sie ist seine *Herzenskäthe*, die *freundliche liebe Käthe Lutherin* oder auch *die liebe Jungfer Käthe* und er grüßt sie mit *Dein Liebchen Mart. Luther D., Dein lieber Herr* und in den letzten Jahren auch mit *Dein altes Liebchen*.

Prüfungen Luther und Katharina sind zwei Jahre verheiratet, Sohn Hans ist erst ein Jahr alt und Katharina wieder schwanger, als im Hochsommer 1527 in Wittenberg die Pest ausbricht. Der Kurfürst verlegt die Universität nach Jena. Auch Luther soll sich mit seiner Familie dorthin in Sicherheit bringen. Doch er lehnt ab. In der Schrift *Ob man vor dem Sterben fliehen möge* mahnt er: *Wer ein geistliches Amt ausübt, wie Prediger und Seelsorger, ist verpflichtet, den Menschen in Sterbens- und Todesnöten beizustehen und am Ort zu bleiben ...*

Wie mag der schwangeren Katharina zumute gewesen sein? Auch ihr *Doctor Martinus* ist schon seit Monaten gesundheitlich geschwächt. Ohrenbrausen, *Anfechtungen* (= Melancholie), schließlich Ohnmachten. Am 6. Juli glaubt er sterben zu müssen und legt die Beichte ab.

Katharina bemüht sich um Gelassenheit und Zuversicht, organisiert zusammen mit Muhme Lene die Krankenpflege im Haus.

Dann wird auch noch ihr Hänschen krank und isst nichts mehr. Gott sei Dank ist es nicht *die Seuche*. Aber Hänschen kommt, da er lange Zeit ausschließlich Gerstenwasser und Brühe zu sich nimmt, nur sehr langsam zu Kräften.

Nahe geht Katharina der Tod von Hanna Rörer. Die Schwester des Stadtpfarrers Bugenhagen und Ehefrau des Kaplans Georg Rörer wird am 2. November von einer toten Tochter entbunden. Wenige Stunden später stirbt sie an der Pest. Ihr Sohn Paul ist erst zehn Monate alt. Der Witwer und der kleine Paul werden im Lutherhaus umsorgt von Muhme Lene und der hochschwangeren Katharina. Auch Stadtpfarrer Bugenhagen ist mit seiner Familie aus dem Pfarrhaus ins Schwarze Kloster geflüchtet. Seine Frau Walburga ist ebenfalls hochschwanger.

Ende November klingt *die Seuche* ab. *Die Leute fangen wieder an zu heiraten und so sorglos zu leben* wie zuvor.

> *Du bist mein ehrlich **Weib**, dafür sollst Du Dich gewiss halten und gar keinen Zweifel daran haben. Lass die blinde, gottlose Welt darüber sagen, was sie will; richte Du Dich nach Gottes Wort und halte fest daran, so hast Du einen gewissen beständigen Trost wider den Teufel und all seine Lästermäuler.*
> Martin Luther an Katharina im Pestjahr 1527

Am 10. Dezember 1527 wird Katharina von einem Töchterchen entbunden: Elisabeth, *das Elslein*, ein zartes, stilles Kind. Walburga Bugenhagen gebärt am 31. Dezember einen Sohn, der nach seinem Vater auf den Namen Johannes getauft wird.

Katharina gönnt sich keine Schonzeit und bereitet eine Hochzeitsfeier vor: Am Neujahrstag wird die Hochzeit von Hanna von der Saale mit Petrus von Eisenberg im Lutherhaus gefeiert, wo am Weihnachtstag schon die Verlobung stattfand.

Am 15. Mai 1528 verlobt sich der verwitwete Kaplan Georg Rörer mit Magdalena, einer entlaufenen Nonne. Hochzeit gehalten wird am 28. Mai 1528, natürlich auch im Lutherhaus. Und auch für den 11. August ist eine *Wirtschaft* im Hause geplant. Georg Major heiratet Margarethe von Mochau, die nach dem Aufschneiden der Pestbeule glücklich genesen ist,

Doch am 3. August 1528 stirbt *Elisabethchen*. Der Jammer über ihren Tod bewegt Vater und Mutter zutiefst. *Das hätte ich nie zuvor gedacht, dass ein väterliches Herz so weich werden könnte wegen der Kinder*, bekennt Luther.

Er selbst ist Katharinas Dauerpatient. Krank war ihr *Herr Doctor* schon, als sie heirateten. 1526 erleidet er eine erste Nierenkolik – *Faustschläge des Satans*. Katharina und Muhme Lene sorgen für Arznei aus der Küche: Kraftküchlein und Säfte. Katharinas selbst gebrautes Bier hilft gegen sein Steinleiden. Sie behandelt ihn auch mit einem Mittel aus Mist und Knoblauch. Und Luther vertraut sich lieber seiner Frau an *als unsers Herrgotts Flickern* – Ärzten und Apothekern.

Zehn Jahre später, 1536, ist Luther gesundheitlich schwer angeschlagen. Der Kurfürst fürchtet um das Leben des Reformators und bittet ihn, seine Theologie niederzuschreiben – *ein Testament der Religion halben zu verfassen*. Ihr Mann ist mit Arbeit überhäuft. Am 19. Dezember erleidet er einen schweren Herzanfall.

Dennoch reist er im Winter 1537 zur Bundesversammlung des Schmalkaldischen Bundes. Sein Steinleiden quält ihn wieder. Trotz ärztlichen Beistands verschlimmert sich sein Zustand. Weil er mit seinem baldigen Tod rechnet, entscheidet er sich für die Heimreise. Er möchte seine Frau und die Kinder noch einmal sehen. Vermutlich rettet ihm dieser Entschluss das Leben:

*Martin Luther und Katharina von Bora,
Gemälde von Lucas Cranach d. Ä., 1529*

Auf den schlechten Wegen wird er in der Kutsche ordentlich durchgeschüttelt. Ein Stein löst sich. Nach einwöchiger Harnverhaltung kann er in seinem ersten Nachtquartier in Tambach am 26. Februar endlich wieder Harn lassen.
Im gleichen Jahr verliert Katharina die geliebte Tante, ihre Muhme Lene – ihre wichtigste Stütze im Haushalt. Und mit Kurfürstin Elisabeth von Brandenburg kommt ihr noch ein schwieriger Pflegefall ins Haus: Monatelang umsorgt Katharina die psychisch gestörte Fürstin.

Wie bereits berichtet, bricht im Spätherbst 1539 wieder einmal die Pest aus. Zum Entsetzen der Wittenberger nimmt Luther die vier Kinder des an der Pest verstorbenen Ehepaars Münster aus dem verseuchten Haus zu sich. Und wie zwölf Jahre zuvor ist auch jetzt Katharina schwanger. Sie erleidet im Januar 1540 eine Fehlgeburt und liegt Wochen todkrank darnieder. Zwei

Jahre später, im September 1542 erkrankt *das Lenchen*, die 13 Jahre alte Tochter Magdalena, schwer. Groß ist ihre Sehnsucht nach ihrem geliebten Bruder Johannes, der jetzt in Torgau die Schule von Rektor Crodel besucht. Die Eltern schicken auch sofort den Wagen, um Johannes zu holen. *Sie lieben eins das andere gar so sehr – vielleicht, dass sein Kommen ihr neue Kraft geben könnte*, hoffen sie. In der Nacht zum 20. September träumt Katharina, zwei geschmückte, schöne junge Männer kämen und wollten ihre Tochter zur Hochzeit führen. Als sich am frühen Morgen Nachbar Melanchthon wie immer nach Lenchen erkundigt, erzählt Katharina ihm den Traum. Melanchthon ist tief betroffen. Für ihn sind die jungen Männer *die lieben Engel, die werden kommen und diese Jungfrau in das Himmelreich zur rechten Hochzeit heimführen.* Gegen 9 Uhr stirbt Magdalena in den Armen ihres Vaters. Katharina schreit ihren Jammer laut hinaus.

Auf dem Friedhof am Elstertor wird Magdalena Luther begraben als *D. Luthers Töchterlein*. Auf dem Heimweg sagt Luther zu Katharina: *Meine Tochter ist nun beschickt, beides, an Leib und Seele etc. Wir Christen haben nichts zu klagen, wir wissen, dass es also sein muss ...* Katharinas Schmerz und Trauer, aber auch die eigene Trauer, das *Schluchzen und Wehklagen des Herzens*, kann er damit nicht bezwingen. Für Katharina wird es in diesem Jahr 1542 kein freudvolles Christfest. Den Tod des *guten gehorsamen Töchterleins* im September verwindet sie nicht. Und am 22. Dezember verliert sie auch noch ihre beste Freundin: Katharina Jonas stirbt bei der Geburt ihres dreizehnten Kindes. *Meine Käthe ist außer sich*, denn sie beide waren *ein Herz und eine Seele*.

Hat mich allzeit lieb, wert und schön gehalten: Der Tod Martin Luthers

Das Testament Mehrfach hat Luther in Tischgesprächen die Härte und Barbarei des sächsischen Rechts kritisiert, das der Witwe nur *Stuhl und Rocken* zubilligt – also nur einige Haushaltsgegenstände als Erbe gewährt. Luther sieht *Stuhl und Rocken* als *Allegorie für Haus und Nahrung* und ist erbost über die Juristen, die das Recht wörtlich auslegen. Um Katharina abzusichern, hat er am Dreikönigstag 1542 (6. Januar) sein Testament in Form einer Leibgedingeverschreibung für seine *liebe und treue Hausfrau Katherin* abgefasst, die ihr einen Unterhalt auf Lebenszeit sichern soll. Er verschreibt ihr das Gut Zöllsdorf und das *Haus Bruno*, das er 1541 für 420 Gulden gekauft hat. Dazu die goldenen und silbernen Becher, Ringe, Ketten und *Schenkgroschen* (Münzen besonderer Prägung) im Wert von ungefähr tausend Gulden. *Das tue ich darum, Erstlich, dass sie mich als ein fromm, treu ehelich Gemahl allezeit lieb, wert und schön gehalten, und mir durch reichen Gottes-Segen fünf lebendige Kinder (die noch vorhanden, Gott geb lange) geboren und erzogen hat. Zum andern, dass sie die Schulden ... auf sich nehmen und bezahlen soll. Zum dritten, und allermeist darum, dass ich will, sie müsse nicht den Kindern, sondern die Kinder ihr in die Hände sehen, sie in Ehren halten, und unterworfen sein, wie Gott geboten hat.* Luther bestimmt Katharina zum Vormund für ihre gemeinsamen Kinder. Und er verzichtet bewusst auf einen Notar. Er lässt das Dokument nur von seinen Freunden Melanchthon, Cruciger und Bugenhagen unterschreiben. Da ihn so *viele in der Welt für einen Lehrer*

der Wahrheit halten, so soll man ihm auch *in diesen geringen Sachen glauben*.

In den 1540er Jahren sehnt der kranke Luther oft seinen Tod, seine *Heimfahrt*, herbei. *Bittet für mich um ein seliges Stündlein*, heißt es in Briefen. Im Frühjahr 1545 kann er vor Schwäche weder predigen noch Vorlesungen halten. Er meint, dass Katharina nach seinem Tod das große Wittenberger Haus nicht halten kann, weil sein Gehalt fehle. Aber Katharina kann und will ihr gemeinsames Lebenswerk nicht einfach aufgeben. Das Lutherhaus, die Wiege der Reformation. Von hier aus hat ihr *Doktor Martinus das Papsttum gestürmt*. Hier feierten sie Verlöbnis und Hochzeit. Und wenn sie einmal zu ihrem Herrgott abberufen wird, will sie die irdischen Güter gern fahren lassen. Dann werden sie bei ihren Kindern in guten Händen sein.

Sorget nicht – die Mansfelder Reise

Im Winter 1545/46 reist Luther dreimal in seine alte Heimat, um Streitigkeiten der verschiedenen Linien der Mansfelder Grafen, seiner *lieben Landesherren*, beizulegen. Katharinas Sorgen und Ängste um sein Leben steigern sich von Reise zu Reise. Gab es doch Anzeichen, die ihr *Doctor* selbst als Ankündigung seines nahen Todes ausgelegt hat. Auf der dritten Reise begleiten ihn außer seinem Famulus Johannes Aurifaber auch die drei Söhne. Sie fahren am 23. Januar 1546, einem Samstag, bei großer Kälte von Wittenberg ab, kommen aber wegen des über Nacht einsetzenden Tauwetters nur bis Halle und brechen drei Tage später, am 28. Januar 1546, Richtung Mansfeld auf. Katharina schreibt ihm während der drei folgenden Wochen mehrere Briefe, die nicht erhalten geblieben sind. Nur aus Luthers Antwortbriefen lassen sich ihre Ängste erahnen. Er ermahnt sie zu mehr Gottvertrauen und versucht auch, sie mit Ironie aufzuheitern.

Endlich, am 18. Februar, überbringt ein Bote Forellen, ein Geschenk der Gräfin Anna von Mansfeld, sowie einen Brief Luthers mit der Ankündigung seiner baldigen Heimreise. Wie so oft, wenn er ihr ihre Sorgen um seine Gesundheit zerstreuen möchte, schreibt er auch dieses Mal über gute Bewirtung.

Liebe Käthe! Wir hoffen diese Woche wieder heimzukommen, so Gott will. ...
Ich schicke Dir Forellen, die mir die Gräfin Albrechts geschenkt hat: Die ist von Herzen froh der Einigkeit. Deine Söhnchen sind noch zu Mansfeld. Jakob Luther will sie wohl versorgen. Wir haben hier zu essen und zu trinken wie die Herren, und man wartet unser gar schön, nur allzu schön, dass wir Euer wohl vergessen möchten zu Wittenberg. ...
Zu Eisleben am Sonntag Valentini 1546.   M. Luther, Doktor.

Der heiligen sorgfältigen Frauen, **Katherin Lutherin***, Doktor Zulsdorferin zu Wittenberg, meiner gnädigen, lieben Hausfrauen.*
Allerheiligste Frau Doktorin! Wir bedanken uns gar freundlich für Eure große Sorge, davor Ihr nicht schlafen könnt; denn seit der Zeit Ihr für uns gesorget habt, wollt' uns das Feuer verzehret haben in unsrer Herberg hart vor meiner Stubentür; und gestern, ohne Zweifel aus Kraft Eurer Sorge, hätt uns schier ein Stein auf den Kopf gefallen und zerquetscht, wie in einer Mausfallen. Der hatte im Sinn, Eurer heiligen Sorge zu danken, wo die lieben heiligen Engel nicht gehütet hätten. Ich sorge, wo Du nicht aufhörst zu sorgen, es möchte uns zuletzt die Erde verschlingen und alle Elemente verfolgen ...
Martin Luther an Katharina
Eisleben, 10. Februar 1546

Als sie den Brief liest, weiß Katharina nicht, dass der Schreiber, ihr *lieber Herr*, schon nicht mehr am Leben ist. Martin Luther ist früh um 3 Uhr im Alter von 62 Jahren *sanft und*

selig entschlafen. Erst am Freitagmorgen treffen Boten mit der Nachricht in Wittenberg ein. Melanchthon, Bugenhagen und Cruciger werden von Rat Brück mit der Trauerbotschaft zu Katharina geschickt. Als sie nach 6 Uhr morgens bei ihr erscheinen, übermitteln ihr die betrübten Mienen die Nachricht, bevor sie ausgesprochen wird. *Da ist das arme Weib, wie leichtlich zu achten, hart erschrocken und in großer Betrübnis gewesen.* Sie hat ihrem *Herrn Doctor Martinus* nicht beistehen können in seinen letzten Stunden. An fremdem Ort ist der geliebte Mann gestorben. Und wie ergeht es jetzt ihren Söhnen?

Schon vor neun Jahren, in Schmalkalden, hatte Kurfürst Johann Friedrich I. Martin Luther versprochen, für seine Witwe und die Kinder zu sorgen. Jetzt sendet er sofort ein Beileids- und Trostschreiben an *Catharina, Doctoris Martini seliger Gedächtnis verlassene Witwe zu Wittenberg*. Darin versichert er ihr und ihren Kindern seine *gnädige Fürsorge*.

Am Montagmorgen des 22. Februar 1546 versammelt sich am Elstertor eine riesige Trauergemeinde, darunter auch Katharina mit ihrer elfjährigen Tochter Margarete und alle Bewohner des Lutherhauses. Gegen 9 Uhr nähert sich der Leichenzug, geleitet von einer großen Reiterschar, von Abgesandten des Kurfürsten und von den Mansfelder Grafen. Mitten im Zug, hinter dem Wagen mit dem Sarg, ihr Schwager Jakob Luther und ihre drei Söhne. Weinend schließt Katharina Paulus, Martin und Johannes in die Arme. Ihren *lieben Herrn* muss sie so in Erinnerung behalten, wie er das Haus verlassen hat. Er ruht im fest verschlossenen Zinnsarg auf dem mit schwarzem Samttuch umhangenen Wagen, der nun Richtung Schlosskirche fährt. Auf einem *niederen Wägelchen* folgen Katharina und Tochter Margarete.

Mein Herzeleid ist so groß ... Von den vielen Briefen, die Katharina ihrem Mann auf seinen Reisen geschrieben hat, ist keiner erhalten geblieben. Wollte Martin Luther sein Privatleben schützen? Wurden die Briefe der Frau nicht für wert gehalten? Erst nach seinem Tod begegnet sie uns in diesem persönlichen Brief vom 26. April 1546 an ihre Schwägerin Christina von Bora, in dem sie ihrer Trauer und ihrem Schmerz Ausdruck verleiht.

Freundliche liebe Schwester!
Dass Ihr ein herzlich Mitleiden mit mir und meinen armen Kindern tragt, gläub' ich leichtlich. Denn wer wollt' nicht billig betrübt und bekümmert sein um einen solchen teuern Mann, als mein lieber Herr gewesen ist, der nicht allein einer Stadt oder einem einigen Land, sondern der ganzen Welt viel gedienet hat. Derhalben ich wahrlich so sehr betrübt bin, dass ich mein großes Herzeleid keinem Menschen sagen kann, und weiß nicht, wie mir zu Sinn und zu Mut ist. Ich kann weder essen noch trinken, auch dazu nicht schlafen. Und wenn ich hätt' ein Fürstentum und Kaisertum gehabt, sollt' mir so leid nimmer geschehen sein, so ich's verloren hätt', als nun unser lieber Herrgott mir, und nicht allein mir, sondern der ganzen Welt, diesen lieben und teuern Mann genommen hat. Wenn ich daran gedenk', so kann ich vor Leid und Weinen – das Gott wohl weiß – weder reden noch schreiben. [...]
Katharina, des Herrn Doctor Martinus Luther gelassene Witfrau.

Mit Luthers Tod ändert sich Katharinas Leben schlagartig. Als Witwe gilt sie den Händlern als nicht kreditwürdig, Fleischer und Fischer verlangen jetzt Barzahlung. Doch im Haushalt mangelt es wie immer an Bargeld. Nachbar Melanchthon hilft aus. Als der Kurfürst davon erfährt, schickt er Geld.

Ein größeres Problem ergibt sich für Katharina aus Luthers Testament. Die Kinder sind beim Tod des Vaters alle noch minderjährig. Margarete ist erst 11 Jahre, Paulus 13 Jahre, Martin 14 Jahre und Johannes 19 Jahre alt. Nach Martin Luthers Letztem Willen soll Katharina die Vormundschaft über die Kinder ausüben, doch das widerspricht geltendem sächsischen Recht. Sowohl die Witwe selbst als auch die Kinder benötigen Vormünder. (Allerdings gab es zu dieser Zeit bereits Fälle, dass Frauen selbst Vormundschaft ausübten.) Katharina möchte ihre vier Kinder bei sich behalten und über ihre Ausbildung bestimmen. Sie will in dem Haus wohnen bleiben, das der Vater des jetzigen Kurfürsten auch ihr überschrieben hat. Sie will die Burse fortführen und weiteren Besitz erwerben: das große Gut Wachsdorf, eine Stunde von Wittenberg, jenseits der Elbe gelegen.

Katharina ist es gewohnt, zu schaffen und zu gebieten. Daraus schöpft sie ihr Selbstbewusstsein. Sicher nicht zu Unrecht wird gemutmaßt, dass sie das tue, damit ihr von ihrer *vorigen Reputation nichts abgehe.* Der Kurfürst bestätigt Luthers Testament am 11. April 1546. Allerdings sind für Katharina und die Kinder Vormünder einzusetzen. Katharina bittet schließlich selbst darum, denn sie möchte handlungsfähig sein. Vormünder der Kinder werden Caspar Cruciger, Philipp Melanchthon, der kurfürstliche Leibarzt Matthäus Ratzeberger, ihr Onkel Jakob Luther und der Wittenberger Bürgermeister Ambrosius Reuter. Katharina akzeptiert für sich Erasmus Spiegel (Amtshauptmann zu Wittenberg) und ihren Bruder Hans von Bora.

Der Kurfürst billigt zunächst die Empfehlungen seiner Räte, Johannes in die kurfürstliche Kanzlei aufzunehmen und Paulus und Martin zu einem Magister zu geben. Er ordnet aber an, dass die Vormünder Johannes befragen, ob er Neigung und Geschick für das Studium habe. Auch sollen sie den Wissensstand der beiden jüngeren Söhne ermitteln. Danach sollen sie mit der

Mutter reden. Cruciger, Melanchthon und Reuter befragen daraufhin die drei Söhne. Johannes antwortet schriftlich, dass er gern länger studieren möchte. Martin wird als *wohl studiert* befunden, Paulus, der nach dem Tod seines Vaters mehrere Wochen krank war, für seine Musikalität gelobt. In der Grammatik sei er *aber nicht so fähig*. Die Vormünder teilen Katharina mit, dass Martin und Paulus *zum Studium treulich und fleißig angehalten und mit Lehr und Wohnung bei einem Magister in der Stadt bestellet würden*. Katharina bedankt sich *untertänigst*, bittet aber zu bedenken, dass der Jüngste oft krank sei. Deshalb könne es für ihn *an andern Örtern nicht besser sein als* bei ihr. Die Wittenberger Magister beherbergten in ihren Wohnungen schon zu viele Schüler, was eine Gefahr für die Gesundheit der Söhne bedeute. *Auch möchten sie unter dem fremden ungleichen jungen Volk eher in böse Gesellschaft geraten.*

Die Vormünder erkennen diese Gründe an. Und auch der Kurfürst stimmt zu. Johannes und seine Brüder sollen *alle drei unter dem Hauslehrer und der Vormünder Aufsicht zu Zucht, Tugend und Lehre mit Fleiß angehalten* werden ... *Denn Wir wissen, dass des Doktors Gemüt mit höchster Begierde dahin gerichtet gewest, dass seine Söhne studieren sollten.*

So hat Katharina doch ihr *Gemüt* durchgesetzt: Das Lutherhaus bleibt ihr Besitz und Wohnsitz, und sie darf ihre Kinder um sich haben. Schließlich wird auch Wachsdorf – dank finanzieller Unterstützung durch den Kurfürsten – als ein rittermäßiges Mannlehen für die Söhne erworben. Nachdem alles geregelt ist, eröffnet Katharina erneut die Burse und nimmt wieder vermögende Studenten ins Haus auf. Doch der bald ausbrechende Krieg ändert alles.

Die letzten Jahre

Krieg, Flucht und Not Im Herbst 1546 kommt es zum Krieg zwischen dem Schmalkaldischen Bund der Protestanten und dem katholischen Kaiser Karl V. und seinen Verbündeten. Zu denen gehört auch der protestantische Herzog Moritz von Sachsen, der *Judas von Meißen*. Katharina flüchtet mit ihren Kindern und dem Neffen Fabian Kaufmann nach Magdeburg, den Wagen beladen mit dem nötigsten Hab und Gut und dem *Schatzkasten* mit silbernen Bechern und anderen Kleinodien. Im Haus bleibt Wolfgang Sieberger als Verwalter zurück.

Am 16. November 1546 werden zur besseren Verteidigung der Stadt die Wittenberger Vorstädte niedergebrannt. Zwei Tage später versucht Herzog Moritz mit seinen Truppen, die Stadt zu erstürmen, doch die Festung Wittenberg hält stand. Noch vor Weihnachten gelingt es dem Kurfürsten, die Truppen seines herzoglichen Vetters zu vertreiben. Der Krieg jedoch ist damit nicht beendet.

Vom Kurfürsten kann Katharina jetzt keine Unterstützung erwarten. Hilfe erhält sie dank Bugenhagens Fürsprache vom dänischen König Christian III. Er gewährt ihr den einst ihrem Ehemann zugedachten jährlichen Ehrensold von 50 Talern. Freilich muss das Geld immer wieder neu erbeten werden.

Im Frühjahr kehrt Katharina zurück. Doch da ziehen schon erneut Truppen Richtung Wittenberg: das kaiserliche Heer und der albertinische Herzog Moritz mit seiner Schar. Die Orte nahe der Heerstraße werden ausgeplündert und verwüstet. Zudem eilt den Kaiserlichen das Gerücht voraus, sie wollten Luthers Leichnam ausgraben und verbrennen oder den Hunden vorwerfen ... Schlimme Nachrichten treffen am Ostermorgen 1547 in Wittenberg ein: Das kurfürstliche Heer wurde am Karsamstag, am 24. April, in der Schlacht bei Mühlberg geschlagen. Kurfürst Johann Friedrich I. ist ein Gefangener des Kaisers. Nun rücke das feindliche Heer gegen Wittenberg vor.

Erneut flüchtet Katharina mit den Ihren nach Magdeburg. Philipp Melanchthon sucht ihnen dort eine Herberge. Doch Katharina möchte weiter nach Dänemark, zu König Christian III. Denn auch das protestantische Magdeburg könnte bald belagert werden und keine Sicherheit mehr bieten. So fliehen die Familie Melanchthon und Katharina mit ihren Kindern weiter über Helmstedt nach Braunschweig. Von dort gibt es kein Weiterkommen. Auf allen Straßen sind Heerhaufen unterwegs. Katharina bleibt mit ihren Kindern zwei Monate in Braunschweig. Für die Sicherung des Lebensunterhalts muss sie Silberbecher und Kleinodien im Wert von 600 Gulden versetzen.

Am 19. Mai 1547 endet mit der Wittenberger Kapitulation der Schmalkaldische Krieg. Kurfürst Johann Friedrich I. verzichtet für die ernestinische Linie der Wettiner auf die Kurwürde zugunsten der albertinischen Linie der Wettiner und kommt in kaiserliche Gefangenschaft. Damit hat Katharina ihren wichtigsten Gönner endgültig verloren.

Wittenberg selbst bleibt von Plünderungen verschont. Am 23. Mai zieht Kaiser Karl V. mit Gefolge in die Stadt ein. Sie lassen sich auch Luthers Grab in der Schlosskirche zeigen. Die Totenruhe wird nicht gestört. Die kaiserlichen Söldner aber suchen derweil die Umgebung heim, Gut Boos und Gut Wachsdorf erleiden mehrfach Schaden. Die Universität ruft ihre Professoren und Studenten nach Wittenberg zurück. Auch Katharina wird im Juni von Bürgermeister Reuter zur Rückkehr aufgefordert: Das Lutherhaus sei ohne Schäden.

Katharina will in Ehren bestehen, auch als Witwe. Erneut richtet sie die Burse ein, vermietet Räume, beherbergt und beköstigt Studenten. Doch ihr Besitz hat durch das Niederbrennen der Vorstädte schweren Schaden erlitten. Und auf dem fernen Gut Zöllsdorf haben die Husaren geplündert und ihr Vieh als Proviant fortgetrieben. Die Einkünfte aus dem geschädigten Grundbesitz reichen kaum für den Haushalt und für die Erziehung der Kinder. Katharina muss auf Gut Zöllsdorf ein Darlehen aufnehmen. All das zehrt an ihrer Gesundheit, sie klagt über *Schwachheit*. Zuwendungen erhält sie jetzt nur noch vom dänischen Königshaus und von Herzog Albrecht von Preußen, dank dessen Förderung Johannes in Königsberg Rechtswissenschaft studieren kann.

Wegen der Belagerung Magdeburgs finden auch 1550/51 Truppendurchzüge statt. So kommt es zu erneuten Verwüstungen und Kontributionen auf Katharinas Besitz. Erst im Frühjahr 1552 ziehen die Kriegsvölker ab. Moritz von Sachsen stellt sich an die Spitze des Fürstenaufstandes gegen Kaiser Karl V. Aus dem *Judas von Meißen* wird der *Retter des Protestantismus*. Die gefangenen Hauptleute des Schmalkaldischen Bundes – Kurfürst Johann Friedrich und Landgraf Philipp von Hessen – werden freigelassen. Und im Passauer Vertrag von August 1552 wird der Protestantismus formal anerkannt.

Der Tod Katharinas: Wie die Klette am Kleid an Christus kleben   Im Spätsommer 1552 bricht in Wittenberg eine *Seuche* aus, vermutlich die Pest. Die Universität wird nach Torgau ins ehemalige Franziskanerkloster verlegt. Dieses Mal flüchtet auch Katharina, die sonst an der Seite ihres Mannes immer tapfer in der Stadt ausgeharrt hat, mit ihren Kindern aus

Wittenberg. Nahe Torgau scheuen die Pferde, vielleicht durch einen Schaden am Rad. Katharina springt vom Wagen und stürzt. Dabei bricht sie sich einen Beckenknochen und rutscht in einen Wassergraben.

Unter Schmerzen in Torgau angekommen, siecht sie wochenlang dahin und tröstet sich mit Gottes Wort: *Sie wolle an Christus kleben wie die Klette am Kleid*. Tochter Margarete und vermutlich auch Sohn Paulus pflegen die Mutter. Am 20. Dezember 1552, drei Tage nach dem 18. Geburtstag ihrer Tochter, stirbt Katharina Luther. Sie ist noch keine 54 Jahre alt.

Am Nachmittag des 21. Dezember 1552 wird die *edle Gemahlin des heiligen Mannes D. Luther in der Torgauer* Stadtkirche St. Marien unter großem Geleit zur letzten Ruhe gebettet. Ihre Kinder lassen bald nach ihrem Tod den heute noch in der Kirche vorhandenen Grabstein aufstellen mit der Umschrift:

Anno 1552, dem 20. December ist in Gott selig entschlaffen allhier zu Torgau Herrn D. Martini Luthers seligen Hinterlassene wittbe Katharina.

Epitaph für Katharina Luther, geb. von Bora, in der Stadtkirche St. Marien, Torgau

Die Kinder

Johannes (7.6.1526 – 27.10.1575) wird herzoglich-sächsischer Kanzleirat. Er heiratet 1553 die Witwe Elisabeth Kegel, geborene Cruciger – die Tochter von Caspar Cruciger und Elisabeth von Meseritz. Ihre 1554 geborene Tochter erhält nach seiner Mutter den Namen Katharina.

Elisabeth (10.12.1527 – 3.8.1528)

Magdalena (4.5.1529 – 20.9.1542)

Martin (9.11.1531 – 4.3.1565) studiert Theologie in Wittenberg, wird aber nicht als Pfarrer tätig. Er wird nur 33 Jahre alt.

Paul(us) (28.1.1533 – 8.3.1593), Katharinas jüngster Sohn, wird ein berühmter und erfolgreicher Arzt. Er heiratet am 5. Februar 1553 in Torgau seine Verlobte Anna von Warbeck. Ab dem 8. Dezember 1558 lehrt er als Professor der Medizin an der Universität Jena. In seiner Antrittsrede gedenkt er seiner Mutter, würdigt sie als Heilkundige und bekennt, dass er viel von ihr gelernt habe. *Meine Mutter hat nicht allein in Frauenkrankheiten durch Rat und Heilung vielen geholfen, sondern auch Männer oft von Seitenschmerzen befreit.*

Margarete (17.12.1534 – 1570), die nach dem Tod der Mutter in Melanchthons Haus aufwächst, heiratet 1555 Georg von Kunheim, ihre Ehe gilt als sehr glücklich. Margarete stirbt 1570 bei der Geburt ihres neunten Kindes, der Todestag ist nicht bekannt.

Das Lutherhaus wird von Katharinas Kindern 1564 für 3700 Gulden an die Wittenberger Universität verkauft. Kurfürst August lässt es zu einem Alumnat für kurfürstliche Stipendiaten ausbauen.
Ab 1844 wird es über vier Jahrzehnte nach Plänen von Friedrich August Stüler instandgesetzt, ab 1883 ist es als reformationsgeschichtliches Museum öffentlich zugänglich.

1504 Bau des Augustiner-Eremitenklosters am Stadtrand von Wittenberg, wegen des Habits der Mönche als *Schwarzes Kloster* bezeichnet
1508 Martin Luther kommt als Mönch von Erfurt nach Wittenberg
1512 Luther promoviert zum Doktor der Theologie und wird zum Professor für Bibelauslegung an der Wittenberger Universität berufen
1522 Auflösung des Schwarzen Klosters
1524 Kurfürst Friedrich der Weise überlässt Luther das verlassene Kloster als Wohnraum
1525 13. Juni | Hochzeit von Katharina und Martin Luther im Schwarzen Kloster
1532 Übertragung an Familie Luther zu freiem Eigentum

Besondere Gedenkorte:

Torgau, Katharinenstraße 11: 1996 wurde hier die Katharina-Luther-Stube als Museum im Sterbehaus eingeweiht.

Torgau, Stadtkirche St. Marien: Epitaph der Katharina von Bora

Katharina-Luther-Kapelle Kieritzsch, Ortsteil Lippendorf: Im Vorraum erinnert eine Gedenktafel an die Geburtsstätte von Katharina Luther geb. Bora

Lutherhaus Wittenberg:
Der Ausstellungsbereich im Keller gibt einen Einblick in das Alltagsleben der Familie Luther und würdigt Katharina von Bora.
Denkmal im Hof des Lutherhauses, geschaffen von der Bildhauerin Nina Koch, eingeweiht am 20.12.1999

Wittenberg, Wilhelm-Weber-Straße 1 a: der 1999 gepflanzte „Lutherin-Baum" (Elsbeere: *sorbus torminalis*)

Rezepte

Was ist denn, dass ihr nicht esst?

Rezepte zum Genießen
und Ausprobieren

Wenn nicht anders angegeben, gelten alle Rezepte für 4 Personen.

Gebratener Hering mit Senf

Für 1–2 Personen
2 Salzheringe
2 EL Mehl
30 g Butterschmalz
20 g Butter
1 EL grobkörniger Senf
1 TL frisch geriebener Ingwer

Die Heringe wenigstens *2 Tage* wässern, dabei das Wasser mehrfach wechseln. Dann die von der Gräte geschnittenen Fischhälften für ca. *6 Stunden* in Milch einlegen. (Gut abtropfen lassen.) Auf dem Grillrost oder in einer Grillpfanne rasch braten, dann mit Senfbutter begießen. Dafür die Butter schmelzen und mit Senf verrühren.

Wohlschmeckender: Die Fischstücke in Mehl wenden und in Butterschmalz erst auf der Hautseite und dann auf der Fleischseite braten. Mit frisch geriebenem Ingwer bestreuen und mit Senfbutter begießen.

Das war 1537 in Schmalkalden die einzige Speise, auf die Luther Appetit hatte. *Gesalzene Hering, die ausgewässert sind, schneid voneinander, leg sie in Milch und lass sie darinnen weichen ...*

Zum Hering: Kalte Erbsen

Siede die Erbsen in Wasser. Schlage sie durch und lasse sie auf Brotschnitten erkalten.

Für 1–2 Personen
250 g frische Erbsen oder 125 g Trockenerbsen, geschält
3 EL Butter
3 EL trockener Weißwein
Salz, Pfeffer
8 Scheiben Weißbrot oder Roggenmischbrot

Trockenerbsen über Nacht einweichen. Erbsen in ungesalzenem Wasser kochen, bis sie weich sind. Durch ein Sieb streichen oder pürieren, 2 bis 3 EL Butter unterrühren, 3 EL Wein (Malvasia) angießen, salzen und pfeffern. Weißbrot- oder Roggenschnitten leicht anrösten und etwa 1 bis 2 cm dick mit der Erbsenmasse bestreichen.

Gebratener Hecht mit Zwiebeln

Für 2 Personen

1 Stück Hecht (300 – 400 g), geschuppt und geputzt

1 TL grobes Salz

Butterschmalz zum Braten

100 g Schalotten oder Zwiebeln, geputzt

1 Glas trockener Weißwein

1 Prise Zucker

Safran, Salz, Pfeffer

Butter

Den küchenfertigen Hecht *1 Stunde* einsalzen, dann trockentupfen. In reichlich heißem Butterschmalz etwa *20 Minuten* rundum braten. Zwischendurch die in kleine Würfel geschnittenen Zwiebeln in Butter mit 1 Prise Zucker leicht golden anschwitzen.

Safranfäden im Mörser stoßen und in etwas Wein auflösen. Zu den Zwiebeln geben, restlichen Wein angießen und *10 Minuten* köcheln lassen. Evtl. etwas Wasser angießen. Mit Salz und Pfeffer abschmecken.

Hechtfleisch von der Gräte lösen und dabei möglichst alle Gräten entfernen. Auf zwei Teller verteilen und mit der Zwiebelsoße begießen.

Im Winter dazu gebackene oder geschmorte Pastinaken oder Petersilienwurzeln reichen.

Als im Februar 1534 Luthers Schwester nach Wittenberg kommt, wird sie mit Hechten aus den kurfürstlichen Teichen bewirtet. Katharina züchtet auch selbst Hechte, die gesotten auf den Tisch kommen.
Den Toten Wein, den Lebenden Wasser!
So heißt die Regel für Fische. (Martin Luther)

Gute Torte mit Krebsen

*Für 2 Personen,
als Vorspeise für 4 Personen*

*Für eine Quiche- oder
Tortenform mit
20 cm Durchmesser und
2,5 – 3 cm Randhöhe*

Teig:

200 g Weizenmehl Type 550

1 Ei, 80 ml Milch, 1 Prise Salz

Belag:

40 g Butter

2 Eier

30 g Kräuter (Petersilie, Lauch, Melisse)

Salz, Pfeffer

250 g Krebsfleisch oder Garnelen, geschält

20 g Butter zum Bestreichen

Mehl, Ei, Milch und Salz zu einem festen Teig verkneten. Die Form mit Butter ausstreichen. Zwei Drittel des Teiges dünn ausrollen. Die Form mit Teig so auslegen, dass er etwas über den Rand reicht. Zimmerwarme Butter mit zwei Eiern verschlagen, fein gehackte Kräuter untermengen. Mit Salz und Pfeffer abschmecken. Die Masse auf den Boden geben. Die geschälten Krebse oder Garnelen darüber verteilen. Restlichen Teig rund ausrollen, auflegen und mit dem überhängenden Teig durch Ineinanderdrehen zu einer Borte verbinden. Mit flüssiger Butter begießen und im vorgeheizten Herd bei *180 °C* Ober- und Unterhitze ca. ***35 bis 40 Minuten*** backen.

Diese Torte wurde von Lutherhaus-Köchin Dorothea auch gern mit Mangold zubereitet: Dafür 500 g Mangold (grob gehackte Blätter und ca. 1 cm klein geschnittene Stiele) kurz in etwas Butter schwenken und zusammenfallen lassen. Dann mit 75 g Weißbrotkrumen, 2 Eiern und 40 g Parmesan vermengen, mit 0,2 g Safran und Pfeffer würzen, evtl. salzen und auf dem Teigboden verteilen. Backzeit: 45-50 Minuten.

Saftige Spanferkelkeule

1 Spanferkelkeule (1500 – 2000 g)
Knoblauch (6 – 8 Zehen)
6 Salbeiblätter
2 – 3 EL Schweineschmalz
Salz, Pfeffer
0,2 g Safran

Keule säubern, gut trocken reiben, salzen, pfeffern und mit in Stifte geschnittenem Knoblauch und Salbeistreifen spicken. Mehrere Stunden abgedeckt durchziehen lassen.

Anstelle des Ansteckens am Bratspieß die Keule auf den Rost in den vorgeheizten Backofen legen. Fettpfanne unterstellen. Bei *180 °C* Umluft ca. *90 bis 120 Minuten* garen. Mehrmals mit Schmalz bestreichen.

Safran zerreiben, in Wasser auflösen, kräftig salzen. Keule immer wieder mit Salzwasser-Safran-Lösung bestreichen.

Zum Lösen des Bratfetts etwas heißes Wasser angießen. Als Soße reichen.

Luther war kein Freund von Wildbret und Wildgeflügel, er schätzte Schweinefleisch: *Ich will sprechen, wie jener Sachse sprach: „Wat Herte (Hirsch), wat Hinde (Hirschkuh), ick love Fro Morf (Schwein) mit ihrem Kinde!" Denn ein Schwein hat Wurst, Speck, Fleisch, das sind nahrhafte Sachen. Sämtliche Kurfürsten, heißt es, sind auf Schweinefleisch mehr erpicht als auf alle Leckereien.*

Fleisch vom jungen Schwein, gelb eingemacht und als Sülze

1 Spanferkelkeule (ca. 1,5 – 2 kg) oder Schulter (dazu 1 oder 2 Schweinefüße)
2 Bio-Zitronen
6 – 8 Pfefferkörner
Muskatblüte, 1/2 TL Salz
Muskatblüte, Pfeffer
Verjus oder Weinessig
0,2 g Safran, Mehl, Butter

Das gesäuberte Fleisch mit so viel gesalzenem Essigwasser aufkochen, dass es gut bedeckt ist. Abschäumen. Die Zitronen in Scheiben schneiden, entkernen. Zusammen mit den Pfefferkörnern und 3 bis 4 Stückchen Muskatblüte zum Fleisch geben. Gar kochen.

Die gare Keule auslösen, 650 g Fleisch und ca. 3/4 l Brühe zurückbehalten.

Für *gelb eingemachtes Fleisch* 0,2 g Safran mörsern. Die Kochbrühe mit den Zitronen durch ein Sieb streichen. Safran zugeben, mit Semmelkrumen oder mit in Butter hell gebräuntem Mehl binden. Zu einer gebundenen Soße verkochen und abschmecken. Das Fleisch in Scheiben schneiden und in der Soße erhitzen. Dazu Semmelknödel oder Hefeklöße reichen. Als Beilage Lauchgemüse oder Kraut.

Für *Sülze* (längere Haltbarkeit) das Fleisch in Scheiben oder Würfel schneiden, in eine Form legen. Brühe durch ein Sieb gießen. Aufkochen. Wurde ein Schweinefuß mitgekocht, besitzt die Brühe genug Gelierkraft (wenn nicht, noch 3 bis 4 Blatt Gelatine nach Vorschrift auflösen und dazugeben). Mit 4 bis 5 EL Verjus oder Weinessig, Salz und Pfeffer kräftig abschmecken. Es können noch 1 bis 2 durchgepresste Knoblauchzehen untergerührt werden.

Schweinefüße separat mit Sauerkraut und Brot servieren.

Bratwürstchen

Nimm frischen Speck und Fleisch von der Hinterkeule, hacks durcheinander, und wenn du es gehackt hast, so machs ab mit Pfeffer und Salz ... (Rumpolt)

Für 20 bis 30 Würstchen, je nach Füllmenge

600 g Spanferkelkeule ohne Schwarte

800 g Schweinebauch, fett und ohne Schwarte

oder:
250 g frischer, ungesalzener Speck
550 g Schweinebauch ohne Schwarte
600 g Schweinefleisch, Oberschale

4 – 5 TL Majoran

2 TL frisch geriebener Ingwer

Salz, Pfeffer

ca. 3 m gereinigter Schweinedarm, Kaliber 28/30, gewässert

Fleisch in Stücke schneiden, durch den Fleischwolf (grobe Scheibe) drehen, kräftig würzen und gut mit Majoran und Ingwer vermengen. Vorbereiteten Darm auf den Wursttrichter schieben. Beim Befüllen zwischen jedem Würstchen etwas Abstand halten. Die Würste in kaltes Wasser gleiten lassen. Abdrehen. Würstchen aus dem Wasser nehmen und etwas trocknen lassen. Auf dem Grillrost oder in einer Grillpfanne braten.

Heute können die Bratwürstchen für den späteren Verbrauch eingefroren werden. Für kleinere Mengen kann man zum Befüllen auch einen Spritzbeutel verwenden. Oder man formt die Wurstmasse zu Klopsen und brät sie in der Pfanne. Den Naturdarm erhält man bei jedem guten Fleischer oder direkt beim Hausschlachtebedarf.

Kleine Pasteten mit feiner Füllung

*Für ca. 40 Pastetchen
(2 Bleche)*

*250 g gegarte Spanferkelkeule mit Schwarte und Speckschicht
(nach Rezept S. 88)*

60 g unreife Stachelbeeren oder rote Johannisbeeren

0,2 g Safran

1 – 2 EL Verjus

Pfeffer, Salz

300 g Butterblätterteig

1 Ei

1 EL Milch

Das gegarte Fleisch mit Fett sehr klein schneiden, mit klein geschnittenen Stachelbeeren bzw. Johannisbeeren vermengen, würzen.

Je 150 g Butterblätterteig auf leicht bemehltem Brett rechteckig (20 x 40 cm) ausrollen, in 10 x 8 cm große Rechtecke schneiden. Mit einem Teelöffel die Füllung darauf verteilen. Zuklappen und Ränder gut andrücken. Mit dem in der Milch verquirlten Ei bestreichen. Im vorgeheizten Herd bei **220 °C** Ober- und Unterhitze **10 bis 12 Minuten** backen. Alternativ mit Bratwurstbrät (S. 90) füllen.

Verjus – der Saft unreifer Trauben – kann durch Weinessig oder eine Mischung aus Weinessig und Zitronensaft ersetzt werden.

Schweinebraten

2 – 2,5 kg Schweinenacken
1 Flasche trockener Weißwein
12 Salbeiblätter
1 EL Schweineschmalz
2 EL Butter
12 Knoblauchzehen
3 Schalotten mit Lauch oder 1 Bund Frühlingslauch
Salz, Pfeffer

Den Braten salzen, mit klein geschnittenem Salbei bestreuen und eine Nacht im Wein durchziehen lassen. Gut abtropfen lassen, Wein aufheben. Das Fleisch im Bräter in etwas Schweineschmalz anbraten. Lauch und Knoblauch in einer Pfanne leicht anrösten, Wein durch ein Sieb angießen. Aufkochen und über das Fleisch geben. Abgedeckt im Backofen bei *140 °C 4 bis 5 Stunden* garen. Die Soße mit Lauch und Zwiebeln durch ein Sieb streichen, mit Salz und Pfeffer abschmecken.

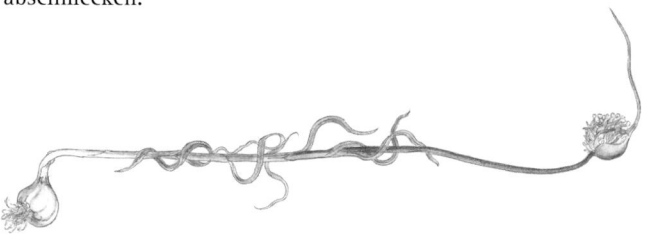

Für Gänse- und Schweinebraten oder andere große Braten besaßen Luthers eine „Gänsepfanne". Dieses ovale Gefäß mit Deckel ähnelt unserem Gänsebräter, ist aber aus glasiertem Ton und hat eine Handhabe, damit man es mit Hilfe eines Stockes aus dem Backofen oder von der Feuerstelle nehmen kann.

Gänsebraten

1 Weidegans (4 – 5 kg)

Salz, Pfeffer

Füllungen für die Gans:

800 – 1200 g Quitten- und Birnenstücke

1 gehackte Zwiebel

50 g Speckwürfel – roh oder angebraten

800 g Birnenspalten

50 g Speckwürfel

10 Wacholderbeeren

gehackte Petersilie oder Zwiebeln

Die Gans im Ofen auf dem Rost oder im Gänsebräter zubereiten. *Ganz wichtig: Auf dem Rost fleißig begießen.* Die gründlich gewaschene und abgetrocknete Gans innen und außen salzen und pfeffern. Leibeshöhle füllen und verschließen. Die Gans dressieren und mit der Brust nach unten in den Bräter legen. Etwa 1/4 Liter Wasser angießen. Nachdem die Rückenseite gebräunt ist, die Gans wenden. Nach *1 bis 1 1/2 Stunden* Garzeit mit einem Hölzchen unterhalb der Keulen die Haut vorsichtig anstechen, damit das Fett austreten kann. Überschüssiges Fett abschöpfen. Dann weiter garen. Die Gans etwas ruhen lassen, dann die Bauchhöhle öffnen und die Füllung entnehmen. Gans bis zum Servieren warmhalten. Bratenfond mit Wasser auffüllen, entfetten, aufkochen. Mit Semmelkrumen oder Mehl binden. (Die Garzeit beträgt je nach Größe der Gans zwischen *3 und 5 Stunden.*)

Am Vorabend des Martinstages 1541 schreibt Luther an Justus Jonas: *Ich habe die zween fetten, recht fetten ja, zween der fettesten Martinsgänse empfangen. Habet meinen Dank dafür. Aber he! Wie kömmts, dass Ihr so Überfluss habet?*

Gebratenes Huhn oder Kapaun

1 Huhn (Bio), ca. 1,5 – 2 kg
Salz, Pfeffer
1 TL Honig
20 g Butter

Das vorbereitete Huhn innen und außen mit Salz und Pfeffer abreiben. Im vorgeheizten Herd auf dem Hähnchenbratgestell auf mittlerer Ebene bei *190 °C* Umluft oder *200 °C* Ober- und Unterhitze *60 bis 70 Minuten* braten. Gegen Ende der Garzeit Honig und Butter schmelzen und das Huhn damit bestreichen. *10 Minuten* ruhen lassen.

Das Anrichten gebratener Hühner zu Katharinas Zeiten:
3 EL gesottene Pflaumen oder Sauerkirschen in 1/4 Liter Wein oder Essig aufkochen, durch ein Sieb oder einen Durchschlag geben. Mit Pfeffer, Nelken und etwas Safran würzen. Ist der Sud zu sauer, noch Honig unterrühren. Die gebratenen Hühner zerteilen und in den Sud legen. Mit Zimtrinde oder gestoßenem Ingwer bestreuen. Für *grünen Sud* Petersilie, Salbei und Pfeffer verreiben und wie oben verfahren.
Oder mit *Pomeranzensalse*: Pomeranzen (Orangen) frisch ausdrücken, mit Zimtblüte würzen und sofort servieren.

Die Füllung zu Katharinas Zeiten: Den gereinigten Magen mit 3 Wacholderbeeren und 1 TL klein geschnittenem Ingwer füllen, verschließen und in das Geflügel geben. Herz, Leber (und Lunge) klein schneiden, mit 20 g Speckwürfelchen, 2 gehackten Knoblauchzehen, 2 bis 3 angedrückten Wacholderbeeren, 1 TL frisch geriebenem Ingwer, 1 Msp. Nelkenpulver und 1 Prise Zucker vermengen und das Geflügel damit füllen.

Vögel in einer Semmelpastete

Wenn die Vögel gekocht oder gebraten sind, nimm eine Mundsemmel, schneide von der Semmel ein Stück ab und höhle die Mundsemmel aus. Gib die Vögel hinein, gieß etwas Suppe wie für einen Rehschlegel hinein. ... Mach einen Teig wie du zu Sträublein machst, bestreich die Semmeln damit, mach geklärte Butter heiß in einer Pfanne, lege die Semmeln hinein, lass nicht sehr backen. Dann nimm sie heraus, lege sie in eine Schüssel, gieß die Suppe darüber.
Die Suppe mach von Wein, Johannisbeersaft, Ingwer, Zucker, Zimt und ein wenig Safran.
Bestreu mit Zimtrinden. Magst auch wohl mit Mandeln bestreuen und kleinen Rosinen.
(Ein sehr köstlich Küchenbuch – Meißnische Art)

1 Stubenküken oder
2 Wachteln

3 Nelken, 1 Zwiebel

einige Pfefferkörner

4 Semmeln oder
2 Doppelsemmeln

Soße für Füllung:

80 ml Weißwein

60 ml Verjus

3 Prisen Zucker

1 Msp. Nelkenpulver

ca. 30 g Semmelkrumen

0,1 g Safran

für den Straubenteig:

60 ml Milch, 2 Eier

1 Prise Salz

110 g Weizenmehl Type 550

für die Soße:

100 ml roter Johannisbeersaft oder -nektar

100 ml Weißwein

1–2 TL Rohrzucker

1 EL frisch geriebener Ingwer

1–2 Msp. Zimt

0,1 g Safran

Das Stubenküken oder die Wachteln in leicht gesalzenem Wasser mit der mit den Nelken besteckten Zwiebel und den Pfefferkörnern ca. *30 Minuten* garen. Auslösen. Alternativ kann 200 g gares Geflügelfleisch verwendet werden.

Von den Semmeln die Deckel abschneiden und die Krume auslösen. Die Zutaten für die Soße zusammen aufkochen lassen und gut verrühren.

Die Semmeln mit dem ausgelösten Geflügelfleisch füllen. Soße darüber verteilen, Deckel auflegen.

Nun alle Zutaten für den Straubenteig gut verrühren. Die gefüllten Semmeln mit dem Teig rundum überziehen. In einer ausreichend großen Pfanne reichlich Butterschmalz erhitzen und die Semmelpasteten darin backen.

Die Zutaten für die Soße aus Wein und Johannisbeersaft zusammen erhitzen, die Semmelpasteten damit begießen oder dazu reichen.

Bei Tisch erzählte Luther, ein Vater habe seine Kinder zum fleißigen Lernen angehalten mit dem Vers:
Liebes Kind, lernst du wohl,
so wirst du guter Hühner voll,
lernest du aber übel,
so musst du mit den Sauen essen aus dem Kübel.

Mörserkuchen

Für 2 bis 4 Personen
Für eine Backform mit 18 cm Durchmesser und extra hohem Rand

400 g Hähnchenbrust ohne Haut	
10 g Butterschmalz	
Salz, Pfeffer	
150 – 200 g Semmeln	
5 Eier	
8 EL Sahne	
Muskat, Salz, Pfeffer	
1 Msp. Safran	
20 g Butter	

Das Fleisch in kleine Würfel schneiden, in Butterschmalz kurz anbraten, salzen und pfeffern.
Die Semmeln fein würfeln. Eier in einer Schüssel mit Sahne und Gewürzen verschlagen. Semmelstücke, Fleisch und eine Messerspitze Safran unterrühren.
Geschmolzene Butter in die Form gießen, Form ausstreichen und die Masse einfüllen. Im vorgeheizten Herd bei *180 °C* Ober- und Unterhitze auf mittlerer Ebene ca. *35 Minuten* backen.

Beim Backen des Mörserkuchens über offenem Feuer wurde ein großer eiserner Mörser mit einem Blech abgedeckt, auf das Glut gelegt wurde.

Rinderzunge

Wenn die Zunge gesotten ist, so schneid sie voneinander, leg sie auf ein Rost, bräune sie, begieße sie mit frischer Butter und bestreu sie zum Anrichten mit Salz und Pfeffer.

1 Rinderzunge, gepökelt, ca. 1,3 – 1,5 kg

Die Rinderzunge waschen und in reichlich Wasser ca. **2 bis 3 Stunden** garen, bis sie weich ist und sich die Haut abziehen lässt. Häuten und in 1/2 bis 1 cm dicke Scheiben schneiden. In der Grillpfanne von beiden Seiten leicht anrösten. Wie oben servieren oder in Apfel-Zwiebel-Gescharb (siehe nachfolgendes Rezept).

Apfel-Zwiebel-Gescharb

150 g Äpfel, geschält und ausgeschnitten
150 g Zwiebeln, geschält
30 g Butter
2 gestr. EL Weizenmehl
3/4 l Rinderbrühe
0,1 g Safranfäden, Pfeffer
2 EL Rosinen oder Korinthen
2 EL Verjus od. Weißweinessig

Äpfel und Zwiebeln in kleine Würfelchen schneiden und in der erhitzten Butter anbraten. Mehl darüber streuen, bräunen lassen, aber nicht zu dunkel. Rinderbrühe angießen. Mit im Mörser zerstoßenem Safran und gemahlenem Pfeffer würzen. Rosinen und Verjus dazugeben. Aufkochen lassen.

Die in der Grillpfanne leicht gebräunten Zungenscheiben dazugeben. Nochmals aufkochen. Weißbrot oder Semmeln dazu reichen.

Semmelknödel mit Spinat/Gartenmelde oder Kräutern

350 g altbackenes Weißbrot oder Semmeln
150 ml Milch
3 EL Butter
1 Zwiebel
1 – 2 Handvoll Spinat oder Melde bzw. Kräuter
3 Eier
1 Msp. Muskat

Weißbrot in kleine Würfel schneiden. Milch mit 2 EL Butter erhitzen. Brotwürfelchen damit begießen, *10 bis 15 Minuten* durchziehen lassen. Dabei mit einem Teller beschweren.

Geschälte, fein gewürfelte Zwiebel in 1 EL Butter anschwitzen, gewaschene, klein geschnittene Melde bzw. Spinat oder Kräuter zugeben und zusammenfallen lassen.

Eier, Melde (oder Kräuter) und Muskat unter die Semmelmasse geben. Gut vermengen. Teig *10 Minuten* ruhen lassen. Dann Knödel formen und in einen ausreichend großen Topf mit kochendem Salzwasser geben. Je nach Größe der Knödel *15 bis 20 Minuten* ziehen lassen.

Hefeklöße

125 g Weizenmehl Type 550
125 g Weizenvollkornmehl
10 g Hefe
125 ml Milch
1 gestr. TL Salz
1 Ei
20 g Butter
Mehl zum Formen
Butter

Mehle vermischen. Die Hefe in der lauwarmen Milch auflösen und zum Mehl geben. Salz, Ei und weiche Butter zugeben und alles von Hand gründlich verkneten. Etwa *30 Minuten* gehen lassen. Abermals durchkneten und vier Kugeln formen. Diese über Wasserdampf etwa *25 bis 30 Minuten* garen. (Am einfachsten in einem Topf mit Dämpfeinsatz – sonst ein Küchentuch über einen breiten Topf spannen, der 3 bis 5 cm hoch mit Wasser befüllt ist.) Fertige Klöße mit etwas geschmolzener Butter verfeinern.

Nudeln

250 g doppelgriffiges Weizenmehl
6 g Salz
3 Eier oder 1 Ei und Wasser

Mehl und Salz in eine Schüssel geben, mit verschlagenem Ei und ausreichend Wasser zu einem elastischen Teig verkneten. Den Teig zu einem Kloß formen, abgedeckt *45 Minuten* ruhen lassen. Nochmals gründlich durchkneten, teilen und dünn ausrollen. Die Teigplatten leicht bemehlen, lose aufrollen und in Streifen schneiden. Nudeln in reichlich kochendem Salzwasser garen. In einer vorgewärmten Schüssel servieren.

Weinsauerkraut nach Klosterart

Für 4 bis 6 Portionen
150 g Zwiebeln
25 g Schweine- oder Gänseschmalz
600 g Sauerkraut
4 Wacholderbeeren
2 – 3 EL Honig
1 Apfel (ca. 100 g)
0,2 – 0,25 l trockener Weißwein

Die geschälten, kleingeschnittenen Zwiebeln im Schmalz anschwitzen. Sauerkraut (bei Bedarf grob geschnitten), angedrückte Wacholderbeeren und 1 EL Honig zugeben. Zugedeckt *15 bis 20 Minuten* sanft köcheln. Apfel schälen, das Kernhaus entfernen und in Würfelchen schneiden. Das Kraut umrühren, Apfelstücke, Wein und restlichen Honig zugeben. Abgedeckt noch *10 bis 20 Minuten* garen. Dabei gelegentlich umrühren.

Dazu Spanferkelkeule (siehe Rezept S. 88) und Semmelknödel reichen oder Schweinebraten (siehe Rezept S. 92) und Brot.

Für eine deftige Mahlzeit 300 bis 400 g Bauchspeck, Kassler oder Schinkenspeck auf das Kraut legen und mit Erbsbrei servieren.

Erbsbrei oder *Wohlschmeckende Erbsen*

Enthülste junge Erbsen in einer Mischung aus Wasser und Wein (Malvasia) garen, durchstreichen und mit Butter und Salz abschmecken.

Spargelsalat

400 g grüner Spargel
20 g Butter oder Öl
2 EL Verjus
Salz, Pfeffer

Den Spargel putzen und in ca. 4 cm lange Stücke schneiden. In einer breiten Pfanne Butter schmelzen, Spargel, 200 ml Wasser und Verjus angießen, leicht salzen und pfeffern. Ca. ***15 Minuten*** köcheln lassen. Das Wasser sollte dabei verdunsten.

Mangold

Gründlich gewaschenen Mangold blanchieren, klein schneiden. Mit Butter anschwitzen, mit etwas Gemüsebrühe aufkochen, mit Pfeffer, Ingwer und Muskatblüte würzen und mit in Milch eingeweichter Semmel binden. (Mengen je nach Bedarf und Geschmack.)

Lauch- oder Kohlgemüse

300 g Porree (nur weißen Teil) oder Frühlingszwiebeln oder 300 – 400 g Weißkohl
2 EL Schmalz
0,4 l Milch
40 g Semmelkrumen
Salz, Pfeffer, Muskatblüte

Porree längs halbieren und in 3 cm lange Stücke schneiden. In Schmalz anbraten. Ca. 1/4 Liter Wasser angießen und bis zur gewünschten Gare kochen. Auf einem Sieb abtropfen lassen und wieder zurück in den Topf geben. Milch mit Weißbrot erhitzen. Durch ein Sieb über den Lauch geben. Aufkochen lassen. Mit Salz, Pfeffer und Muskatblüte abschmecken.

Weißkohl in Rauten schneiden und wie oben zubereiten. Für das Garen etwas mehr Wasser angießen.

Grünkraut – Salat und »Zugemüse« im Frühjahr

Junge Blätter von Giersch, Nesseln, Hopfen, weißem Mohn, Salat, Senf oder von Gartenmelde als Salat mit Essig, Öl, Salz und Pfeffer zubereiten.
Oder: Die Kräuter in Wasser aufkochen, abgießen, klein schneiden, mit Sahne erhitzen und mit Salz, Pfeffer und Muskatblüte abschmecken.

Beilagen & Salatvariationen

Rettich (Lange Erfurter Rettiche oder Winterrettich *Schwarzer Peter*) in dünnen Scheiben, mit Salz, Essig und Öl

Geputzte Rapunzeln (= Feldsalat) – zu Katharinas Zeiten mit Wurzeln – blanchieren und mit Öl, Essig, Salz und Pfeffer marinieren

Klein geschnittene Mairüben in Maibutter oder Olivenöl (unter Zugabe von etwas Wasser) garen

Gegarte rote Rüben schälen, klein schneiden, mit Essig, Öl, Salz (und geriebenem Meerrettich) würzen

Gartensalat, Sauerampfersalat, Nesselsalat mit Öl, Essig, Salz (und Pfeffer)

Rotkraut oder *junger Kürbis*, klein geschnitten, blanchiert und mit Öl und Essig angemacht

Gekochte Bohnen mit Essig, Öl und Salz

Zum Salat wurden oft geschälte, hart gekochte Eier gereicht, die mit Pfeffer und Petersilie bestreut wurden, aber auch in Essigwasser zubereitete verlorene Eier.

Rosenessig

0,7 l Weißweinessig

2 Handvoll Blütenblätter von roten, unbehandelten Rosen

Den weißen Blattansatz abschneiden, die Blütenblätter etwas anwelken lassen und in eine saubere Flasche drücken. Essig angießen. Für 6 Wochen an einen sonnigen Platz stellen. Gelegentlich schütteln, dann abfüllen.

Rosenessig wurde nicht nur in der Küche verwendet, sondern auch zur Stärkung und Erfrischung genutzt. Die Gräfin von Mansfeld brachte dem sterbenden Luther Aquavit, Lavendelwasser und Rosenessig als Stärkungsmittel.

Maße, Währung und Kosten zu Katharinas Zeiten

5 Eimer zu 56 Liter sind 1 Fass (ca. 280 Liter) (nach Schirmer) = 1 Torgauer Fass
Wittenberg: 1 Gebräude = 41,22 hl = 4.122 Liter

1 Dresdner Kanne = 2 Nösel = 0,94 Liter
1 Nösel = 0,47 Liter
1 Pfund = 490,82 g
1 Lot (Loth) = 15,34 g

Butterhose: Längliches Holzfässchen, in das die Butter fest eingedrückt wird, 1 Hose = 1 Fässchen = 12 Kannen à 0,936 Liter

1 Gulden (fl.) = 21 Groschen = 252 Pfennige
1 Groschen = 12 Pfennige
1 Taler = 24 Groschen

Kosten für:
1 Kuh war damals wert 3 fl.
1 großes Kalb 2 fl.
1 Ziege mit 2 Jungen 2 fl.
1 Schwein 1 fl.
1 Ferkel 1/3 fl.

Holunderblütenmus

10 – 12 voll erblühte Holunderdolden	
1 l Milch	
110 g Reismehl oder 120 g Rundkornreis, fein gemahlen, oder 100 – 120 g Semmelkrumen	
60 g Zucker, evtl. Salz	
2 Eigelb	
2 EL Sahne	

Die Holunderblüten (mit möglichst wenig grünen Stängelchen) im Simmertopf in Milch **4 bis 5 Minuten** kochen.
Durch ein feines Sieb oder Passiertuch abgießen. Die aromatisierte Milch zurück in den Topf gießen. Reismehl (und Zucker) oder Semmelkrumen unterrühren, dabei darauf achten, dass keine Klümpchen entstehen. *3 bis 4 Minuten* kochen lassen. (Für Semmelkrumen von einem Brötchen die Rinde abschneiden den Rest klein zupfen oder fein reiben.) Eigelb mit Sahne verrühren und das Mus damit legieren.

Als Nachspeise für 4 Personen reicht die halbe Menge. Das Mus in Förmchen füllen und dazu Erdbeeren oder eine Fruchtsoße reichen.

Das Mus wurde je nach den Möglichkeiten des Haushalts zubereitet und warm oder kalt als herzhafte oder süße Speise gereicht. Holunderblütenmilch wurde mit Semmelkrumen oder mit im Mörser zerstoßenem Reis oder mit in Schmalz gebackenen Nudeln und mit Eiern abgebunden.

Sauerkirschmus

300 g Sauerkirschen
300 ml Weißwein
80 – 100 g Bienenhonig
je 1–2 Msp. Zimt- und Nelkenpulver
60 g entrindete, fein geriebene Semmel

Die Sauerkirschen etwa **30 Minuten** im Wein sanft kochen. Durch ein Sieb streichen. Honig, Gewürze und geriebene Semmel unterrühren. **10 bis 15 Minuten** köcheln lassen. Durch weiteres Reduzieren erhält man haltbare Sauerkirschlatwergen. Bei Bedarf werden diese mit Wein zu einer Soße aufbereitet.
Sauerkirschmus auf kleinen, in Butter gerösteten Semmelscheiben anrichten.

Nach diesem Rezept lässt sich auch **Erdbeermus** oder **Pfirsichmus** zubereiten. Pfirsiche häuten und die Steine entfernen. Die Honigmenge richtet sich nach dem persönlichen Geschmack. Erdbeermus wurde mit Walderdbeeren zubereitet.

Osterfladen

für den Teig:
12 g Hefe
110 g Sahne
1 Msp Safran
1 EL Weißwein
160 g Mehl Type 550
1 Ei
Mehl zum Ausrollen

für den Belag:
3 Eier
125 ml Sahne
250 g Quark
1 gestr. EL Weizenmehl
20 g Rosinen oder Korinthen
20 g gestiftelte Mandeln
Butter, Zucker, Zimt

Für den Teig Hefe in etwas lauwarmer Sahne und den Safran in Wein auflösen. Mit den anderen Zutaten zu einem Teig verkneten. **30 Minuten** gehen lassen. Ausrollen. Eine große runde Form mit dem Teig auslegen.

Eier, Sahne, Quark und Mehl gut verrühren. Auf dem Teigboden verteilen. Mit verlesenen Rosinen und Mandelstiften bestreuen. Im vorgeheizten Herd bei **180 °C** Ober- und Unterhitze etwa **30 Minuten** backen.

Mit geschmolzener Butter bestreichen und mit Zimt und Zucker bestreuen.

Osterfladen gehörten wie Lammbraten und Ostereier
zur österlichen Festtafel.

Süße Semmeln

30 g Hefe
250 ml lauwarme Milch
500 g Weizenmehl Type 550
3 Eigelb
60 g Zucker
80 – 100 g Butter

Zum Bestreichen:
Wasser oder Eigelb mit etwas Milch
Butter und Zucker

Hefe in lauwarmer Milch auflösen und zum Mehl in die Schüssel geben, alles verkneten. Abgedeckt ca. *45 Minuten* gehen lassen. Eigelb, Zucker und zimmerwarme Butter unterkneten. Der Teig sollte weich, aber formbar sein. Falls nötig noch 1 – 2 EL Mehl unterkneten.

Ein Blech leicht fetten (oder mit Backpapier belegen).

8 bis 10 runde Semmeln (wie Milchbrötchen) formen. Abgedeckt noch etwa *15 Minuten* gehen lassen. Mit Eiermilch oder nur mit Wasser bestreichen. Im vorgeheizten Backofen bei *190 °C* Ober- und Unterhitze *20 bis 25 Minuten* auf mittlerer Ebene backen.

Mit flüssiger Butter bestreichen und zuckern. Die Semmeln können mit Rosinen zubereitet oder mit Kirsch- oder Pflaumenmus gefüllt werden.

Aus dem Teig kann auch ein Zopf geformt werden.

Strauben (süßes Gebäck aus flüssigem Teig)

Für 4 Strauben von etwa 12 cm Durchmesser

125 g Mehl
1 Prise Salz
125 ml Milch
2 Eier
(20 g Zucker)

Zum Ausbacken:
250 g Butterschmalz/Öl
Zimt-Zucker-Mischung zum Bestreuen

Mehl, Salz und Milch mit dem Schneebesen verrühren, dann die Eier (und Zucker) unterschlagen. In einer Kasserolle Butterschmalz erhitzen.

Den Teig in einen Trichter mit etwa 1 bis 1,5 cm Öffnung füllen. Öffnung mit einem Finger zuhalten. Zum Ausbacken jeweils ein Viertel des Teiges kreisförmig ins heiße Butterschmalz einlaufen lassen. Straube auf jeder Seite *2 bis 3 Minuten* backen. Mit einer Schaumkelle herausheben.

Mit Zimtzucker bestreuen und warm genießen. Das Ausbackfett darf nicht zu heiß, aber auch nicht zu kalt sein.

Butterschmalz durch ein feines Sieb in ein sauberes Gefäß abgießen. Kann erneut verwendet werden.

Sauerkirsch- oder Johannisbeersuppe

90 g Butter

400 g Sauerkirschen, entsteint

100 g Bienenhonig (oder Rohrzucker)

1 Flasche Weißwein

2 Semmeln

50 g Butter

Rohrzucker, Zimt

40 g Butter in einem Topf schmelzen, Kirschen darin anschwitzen, Honig dazugeben, Wein und 0,3 Liter Wasser angießen. Bis zur gewünschten Konsistenz köcheln lassen. Mit gemahlenem Zimt abschmecken. (Durch einen Durchschlag streichen.) Die Semmeln in Scheiben schneiden und diese in 50 Gramm Butter von beiden Seiten goldbraun rösten.

Geröstete Semmelscheiben auf vier Schüsseln oder Teller verteilen. Suppe darüber geben. Mit einer Mischung aus Zimt und Rohrzucker verfeinern.

Nach diesem Rezept wird die Suppe auch mit roten Johannisbeeren zubereitet.

Bildnachweis

Cover: Katharina von Bora, Gemälde im Sterbehaus von Martin Luther in Eisleben (Ausschnitt) © epd-bild/Norbert Neetz; S. 2: Lucas Cranach d.Ä., Katharina von Bora (Gemälde, um 1525); S. 82: Nicolaes Gillis, Gedeckter Tisch (Gemälde, um 1600)

Fotos: Regina Röhner: S. 7, 13, 56; Kathleen Busies: S. 33, 59; Marko Ehrhardt: S. 62 | Verlagsarchiv

Zeichnungen und Vignetten aus: Leonhart Fuchs, Ein new Kreuterbuch. Basel 1543; Bartholomaeus Platina, Von allen Speisen und Gerichten, Koch und Kellerey. Augsburg 1530; Eucharius Rößlin, Der Swangern frawen und hebammen roßgarten. Worms und Straßburg 1513; Marx Rumpolt, Ein new Kochbuch. Frankfurt am Main 1581 | Verlagsarchiv

Rezeptverzeichnis

Apfel-Zwiebel-Gescharb	98
Beilagen & Salatvariationen	104
Bratwürstchen	90
Erbsbrei oder Wohlschmeckende Erbsen	101
Erbsen, kalte	85
Fleisch vom jungen Schwein, gelb eingemacht und als Sülze	89
Gänsebraten	93
Grünkraut – Salat und „Zugemüse" im Frühjahr	103
Hefeklöße	100
Hering mit Senf, gebratener	84
Hecht mit Zwiebeln, gebratener	86
Holunderblütenmus	106
Huhn oder Kapaun, gebraten	94
Lauch- oder Kohlgemüse	103
Mangoldgemüse	102
Mangoldtorte	87
Mörserkuchen	97
Nudeln	100
Osterfladen	108
Pasteten mit feiner Füllung, kleine	91
Rinderzunge	98
Rosenessig	105
Sauerkirschmus	107
Sauerkirsch- oder Johannisbeersuppe	111
Schweinebraten	92
Semmelknödel mit Spinat/Gartenmelde oder Kräutern	99
Semmeln, süße	109
Spanferkelkeule, saftige	88
Spargelsalat	102
Strauben (süßes Gebäck aus flüssigem Teig)	110
Torte mit Krebsen, gute	87
Vögel in einer Semmelpastete	95
Weinsauerkraut nach Klosterart	101